読む 聞く 唱える CDブック

わが家の宗教

日蓮宗

渡辺宝陽／庵谷行亨……著

大法輪閣

目次

装丁……清水良洋・永野友紀子（Malp-Design）

わが家の宗教・日蓮宗

序章　日本文化と法華経の伝統

法華経信仰のひろがり

今、私たちの日本人社会で心が見直され、宗教が見直されるなかで仏教への関心が強まっている。それは平安時代から鎌倉時代にかけて成立した日本人の仏教ともいうべき宗派仏教への関心ということに帰結して来ているのが現実のようである。そうしたなかで、日蓮宗への関心も昂《たか》まっており、本書刊行の契機が生まれるわけであるが、そこに想定される日蓮宗とは、もちろん直接的には、日蓮聖人《にちれんしょうにん》の御魂の住みそめさせたもう〔棲神《せいしん》の霊地〕身延山《みのぶさん》を信仰の中心とする日蓮宗を指すには違いないけれども、一般の方々からすれば、日蓮大聖人を宗祖と仰ぐ各派の日蓮宗はすべて広い意味での日蓮宗とする受けとり方もかなり広汎に行われていると思う。そして、さらにいえば、法華経《ほけきょう》信仰＝日蓮宗という受けとり方も多くの人の脳裏にあるといっても誤りとはいえないであろう。

法華経の信仰を語るには、まずこうした観点からしなければならないと考えるのであるが、それはなぜかといえば、第一に日蓮聖人《にちれんしょうにん》がいわば鎌倉仏教最後の宗祖であるということが理由の一つである。日蓮聖人は鎌倉仏教でも法然上人《ほうねんしょうにん》・親鸞聖人《しんらんしょうにん》・道元禅師《どうげんぜんじ》の後、最後に出現なされた。そうして、今日のような日本仏教の状況を形づくった結果からいうと、日蓮聖人が法華経の題目信仰こそ末代の人々の救いの法《おしえ》であることを明らかにされたことによって、日本仏教は大きく二つに分類され、南無妙法蓮華経《なむみょうほうれんげきょう》のお題目を信じるか、南無阿弥陀仏のお念仏を信じるかの二つの流れとして理解される結果になったと思う。

もともと浄土宗・浄土真宗以外の宗派（天台宗《てんだいしゅう》・真言宗《しんごんしゅう》・臨済宗《りんざいしゅう》・曹洞《そうとう》宗など）には、それぞれ固有の修行の目標・現世と来世の安心《あんじん》があるのであるが、念仏信仰の影響が大きかったために、それらはみな念仏信仰を許容し、さらにいえば念仏信仰との融合をはかるようになった。そのために、念仏を拒否して南無妙法蓮華経の題目の信仰を鼓吹《こすい》した日蓮宗は、諸宗からは特異の存在となった。

法華経はもともとお釈迦さまの教えとして結集《けつじゅう》された経典で、インド・中国・日本に弘められて来た。そして、天台宗・曹洞宗等々でも読誦《どくじゅ》せられるのであるが、このような題目信仰の大衆への弘まりによって、法華経信仰＝題目信仰＝日蓮宗というように一般に印象づけられて今日に及んでいるといえよう。

法華経の伝統と日本文化

それならば、法華経は日本文化においてどのような位置を占めて来たのだろうか。

日本で最初に法華経を講じたのは聖徳《しょうとく》太子（五七四—六二二）であって、『法華《ほっけ》義疏《ぎしょ》』が伝えられる。因《ちな》みに、『維摩経《ゆいまぎょう》義疏』『勝鬘経《しょうまんぎょう》義疏』とあわせて〔三経義疏〕とよばれる。聖徳太子は十七条憲法で「和を以って貴しと為す」と示されたが、その基本に仏教の教えを忠実に理解しようとする姿勢が見られるのである。

次いで、はじめて日本国に法華経の宗をうちたてようとしたのが、伝教大師最澄（七六七—八二二）である。伝教大師は弘法大師空海（七七四—八三五）と同時代のすぐれた高僧で、中国に渡って天台法華宗の教えを移入し、桓武天皇・嵯峨天皇に信任を受けた。それ以前は日本の仏教は奈良諸大寺の僧綱《そうごう》によって統制されて、奈良東大寺・筑紫観世音寺・下野《しもつけ》薬師寺において出家となる受戒が許されるのみであったが、伝教大師は新たに比叡山に円頓戒壇《えんどんかいだん》を勅許され、大乗菩薩戒を受けられることとなった。こうして、奈良七大寺や、東大寺を中心とする各国の国分寺

・国分尼寺の寺々に対して、天台法華宗が各地に弘められて行く。それ以前にも、国分尼寺は法華経を読誦する懺悔《さんげ》滅罪《めつざい》の寺であったが、天台宗が弘められることによって、法華経の信仰はしだいに民衆の中に定着して行くのである。

民衆への法華経信仰の定着は、説話文学と総称される著作に濃厚に反映している。たとえば『日本国現報善悪霊異記《りょういき》』（略して『日本霊異記』。八一〇―八二三ころ著《あら》わされる）、『本朝法華《ほっけ》験記《げんき》』（長久年間、一〇四〇―一〇四四の成立）、『今昔物語集』（一二世紀前半ころの成立）等々である。これらのなかで、人間として仏道を求める者の望まるべき姿と、どのように学問・器量にすぐれていても、行いが悪ければ悪道に堕したことが生前のみならず没後にも顕《あき》らかになるということが、さまざまな不思議な話を通じて述べられている。そして、これらのなかに法華経の現世・後生《ごしょう》の利益・効験が説かれているのである。

一方では比叡山を中心として法華経の教義が説かれ、他方では民衆レベルでの法華経信仰が弘まって行くなかで、文学作品や和歌のなかにも法華経の信仰がとりあげられて行く。あの紫式部の『源氏物語』にも法華経の信仰が語られるのみならず、その教義解釈書として著名な天台大師述の〔天台三大部〕、すなわち『法華玄義』『法華《ほっけ》文句《もんぐ》』『摩訶止観《まかしかん》』の理解が見られるのである。平安貴族の間では法華経の理解がいかに普及しているかを物語る一つの事例だといわれているのである。それは釈教歌とよばれる和歌にも投影しているのであって、多くの有名な歌人が法華経二十八章のさまざまな主題を詠んでいるのである。今、それらのうちごく一部をとり出して見よう。

たへなりや今日は五月の五日とて
いつつの巻にあへる御法《みのり》も　　紫式部

門出には三つのくると聞きしかど
果は思の外にぞありける　　藤原公任

みな人をほとけのみちに入れつれば
ほとけの仇も仏なりけり　　藤原公任

いさぎよき玉を心にみがき出でて
いはけなき身に悟をぞえし　　西行法師

あきの野の草の葉ごとにおく露を
あつめば蓮の池にたたふべし　　西行法師

はかりなく数なき世々を尽しても
一たび聞くは難き法なり　　藤原俊成

はる雨はこのもかのもの草も木も
　わかず緑に染むるなりけり　　藤原俊成

曹洞宗の開祖道元禅師（一二〇〇―一二五三）にも法華経を詠んだ歌がある（傘松道詠《さんしょうどうえい》）。

夜もすがらひめもすになる法の道
　みなこの経の声とこころを
この経のこころを得れば世の中の
　うりかふ声も法を説くなり
峯のいろ渓《たに》のひびきもみなながら
　我釈迦牟尼の声とすがたと

それだけでなく、道元禅師は主要著述である『正法眼蔵《しょうぼうげんぞう》』中に、釈迦牟尼仏《しゃかむにぶつ》のおさとりを得るために法華経の独特な解釈を行っているのである。

日蓮聖人の出現

日蓮聖人は鎌倉幕府が成立してより約三十年ほどの後、房総半島の南端の磯辺に生誕なさった。今日でも辺鄙な場所であるから、日蓮聖人の当時も辺境であったろうが、しかし別の観点からすると、太平洋に面した地域と海の交通網で結ばれているのであって、今日のわれわれの感覚とは違った生活圏があったと思われる。たとえば、白浜・勝浦など四国・南紀・房総に共通する地名があるが、そのつながりは決して過去のものとして終っているのではなく、今日でもさまざまな交流があるとのことである。そうした面から考えると、特に鎌倉との結びつきは、今日想像するよりもはるかに緊密なものがあったことであろう。

ともかく、日蓮聖人と法華経との出会いは、当時天台密教の寺として有数な清澄寺に入門されたことに発するであろう。日蓮聖人は一心に勉学に励み、仏教の意味を問いつづけて、当時、東国の都として繁栄途上にあった鎌倉や、さらに京都・奈良の寺々や比叡山に遊学した。そうして、本当の法華経との出会いが、比叡山の研学の最中で行われたと考えたい。なぜなら、その法華経の出会いとは、ただ天台法華宗の依りどころとなる経典であるという表面上のことにとどまるものではないからである。当時、日本は政治的にも社会的にも文化的にも大きく揺れ動いていた。鎌倉幕府の確立は、辺鄙な東国の独立であり、自立をめざすものであった。そうしたなかで、日蓮聖人はさまざまな困難に直面している新しい時代の新しい生き方を求め、その結果、それまで読みすごして来た「法華経」の内包する偉大な教えを開きあらわす使命感に打たれたのである。その意味で、法華経との出会いが確かめられたのである。「法華経」の内包する偉大な教えとは、それまで特定の修行者にのみ仏の示教があったと受けとられて来たが、実は法華経は困難な時代に直面するあらゆる人々を救済する未来記（予言）を語り示すための経典であるということである。

日蓮聖人は、この法華経の救いを末法の人々に伝える使命を達成する誓願を起こし、建長五年（一二五三）三十二歳のとき、故郷安房国に帰り、清澄寺でその信仰を告白するが、たちまちに法難を受け、ただちに鎌倉へ渡り、それから、苦難の弘教の御生涯が展開する。これらについては後に述べることとする。結論的にいってこのような法華経を中心とする仏教の理解は、それ以前の法華経の伝承を享《う》けながらも、一挙にその精華を花開かせたものなのである。

法華経の理想と人生

日蓮聖人の法華仏教は、その独特の面だけが強調される傾向がある。けれども、子細に検討してみると、日蓮聖人の書簡のなかのみでなく、重要著述にも説話やその他の文学作品と連続している点が少なくはない。つまり、日蓮聖人の宗教が非常に劇的であるあまり、法華経伝承との関わりが忘れられがちであるが、日蓮聖人の法華経の教えはそうした面も踏まえているところがあるといえよう。

このことは、やがてそれぞれの時代に花開く日蓮宗信徒の生き方、そしてその精神性・文化性においても継承されているところである。

日蓮宗の信徒を見ると、第一には改革志向があることが挙げられよう。それは、日蓮聖人の破《は》邪顕正《じゃけんしょう》の立正安国《りっしょうあんこく》の精神を継続しているからであろう。昭和の人物を見ても、石橋湛山《たんざん》・土光敏夫・武見太郎等の生き方に改革の精神は見事に生きている。第二には、その上で、精神・文化の面に独特の世界を形づくった人物が多勢いるということである。江戸時代の本阿弥光悦《ほんなみこうえつ》に見る芸術村の建設、宮沢賢治のめざした農民共同体の活動などがそれである。

私たちは、これから、わが家の宗教＝日蓮宗を概観しようとするのであるが、それは休止状態にあるかのように見えることについての知識を増すことではなく、その底に脈々と流れている日蓮宗の理想、法華経の精神を是非とも見出していただきたいと念ずるのである。

第一章　日蓮聖人の御生涯と霊跡

私たちはいつも日常生活のなかで社会と関わった暮らしをしている。それに対して、宗教の世界はそうしたわずらわしい関わりを離れて、自分の身心に潜在している生きる力が活潑にはたらくのを見出す時間である。私たちが日蓮聖人の御霊跡《ごれいせき》にお詣《まい》りに出かけて、日蓮聖人の御生涯をお偲びすると、言い知れぬ御加護のよろこびを受け、新しい生命《いのち》のめざめを感ずるのは、そこで心から法華経の教えにふれあうことができるからである。今、日蓮聖人の御生涯の〈御伝記〉を述べるのにあたって、日蓮聖人の御霊跡を紹介しながら進めよう。

日蓮宗の檀信徒にとって、古来から、日蓮聖人の御霊跡を巡拝することが信仰のよろこびであり修行の一つでもあった。ひと通り御霊跡を参詣《さんけい》できたならば、それは大きな誇りでもあった。なぜなら、末法の世に法華経の救いをお示しくださった日蓮聖人の御霊跡を慕い、参詣することによって、法華経の信仰を確かめることができるからである。

日蓮宗檀信徒にとって御霊跡は印象深いものであるから、後にお説教の前に唄い踊られた題目踊唄《だいもくおどりうた》にもその御生涯が描かれている。

御霊跡と題目踊唄

一つとさ　東の果《はて》なる安房《あわ》の国　小湊浦《こみなとうら》にて誕生なされし　南無妙法蓮華経
二つとさ　双親《ふたおや》さまの二世のため　清澄寺《きよすみでら》にて出家なされし　南無妙法蓮華経
三つとさ　見捨てられぬと義を定め　建長五年に唱え始むる　南無妙法蓮華経
四つとさ　夜打ち焼打ち大難も　不思議に逃れ給いける　南無妙法蓮華経
五つとさ　伊豆の伊東へと流さるる　御身となるのも御題目故　南無妙法蓮華経
六つとさ　無実の難に流される　流されながらも天下泰平《てんかたいへい》　南無妙法蓮華経
七つとさ　難に遭《あ》うのも国のため　安国論にて四箇《か》の格言《かくげん》　南無妙法蓮華経
八つとさ　矢先恐ろし東条《とうじょう》の　小《こ》松原《まつばら》にて創《きず》を蒙《こうむ》る　南無妙法蓮華経
九つとさ　この国悪魔の世となるか　諸宗のざんそおとりあげられ　南無妙法蓮華経
十とさ　科《とが》なき御身を竜《たつ》ノ口《くち》　太刀《たち》ふりあげれば太刀は折れけり　南無妙法蓮華経

（千葉県勝浦　本行寺『題目おどりうた』による）

安房小湊で御誕生

日蓮聖人の生誕の地は、安房国《あわのくに》東条郷《とうじょうのごう》小湊《こみなと》（現在の千葉県安房郡天津《あまつ》小湊《こみなと》町小湊）の海辺で、その地には現在小湊誕生寺が建立されている。日蓮聖人が生誕されたのは貞応《じょうおう》元年（一二二二）二月十六日のことである。生誕の地は、厳密にいうと、地殻の変化により今は海中に没してしまっているといわれる。生誕されたとき、海辺には時ならぬ蓮の花が咲き、泉が湧き出たと伝えられている。後年、日蓮聖人は、お釈迦さまが御誕生になられたときには空を五色の雲が彩り、大地が大いに震ったこと、ひいては聖者出現の前兆の不思議を語っておられるから、きっと不思議なことも種種《しゅじゅ》あったことであろう。二月十六日御生誕ということは、お釈迦さま御入滅の二月十五日の翌日であり、日蓮聖人が法華経の再発見によって法華経の救いを確かめたこと、末法の法華経の救いを伝えたことの必然を暗示するかのようである。

清澄寺へ登る

日蓮聖人は数え年の十二歳で清澄寺へ登り道善房のもとで教育を受け、やがて十六歳のとき正式に出家する得度《とくど》の式を受けた。清澄寺は房総半島を縦断する房総丘陵の南端に位置する標高三八三メートルの清澄山に建立された天台宗の名刹《めいさつ》であった。その後、いつのころからか真言宗となり、第二次大戦後、日蓮聖人のゆかりをもって日蓮宗に改宗して今日に及んでいる。ともかく、日蓮聖人が登山した時代に房総半島で随一の名刹であったことは間違いない。当時の天台宗寺院は密教を摂《と》り入れた天台密教が中心であったといわれている。この寺に登ったとき、幼い日蓮聖人はどのような希望と生き方を願っていたのであろうか。おそらく、母梅菊《うめぎく》も清澄のお山まで見送ったろうと考えられているが、ここからは女人禁制という寺の入口で母と別れたときの気持はどんなふうであったろう。

後に、日蓮聖人は当時の寺の本尊である虚空蔵《こくぞう》菩薩に向かって、「日本第一の智者となしたまえ」と必死の祈りをささげた。そしてまた、後に当時の日本の仏教の学問の中心である比叡山にまで遊学されていることをかさねあわせると、ただ単に何となく〈お坊さま〉になりたくてお山に登ったものとは考えられない。幼い日蓮聖人ご自身に人々を救わねばという使命感があり、また周囲にも是非、仏教と本格的に取り組んで仏教の奥義《おうぎ》を極めて私たちを救っていただきたいと願う人々の支援体制があったに違いない。

ともかく、ここで日蓮聖人は必死に勉学した。今日、鎌倉の金沢文庫に伝えられる『授決円多羅義集《じゅけつえんたらぎしゅう》』は「生年十七歳」の「是聖房《ぜしょうぼう》」、すなわち十七歳の日蓮聖人が筆写された天台密教の秘書である。その筆跡は流麗で、さまざまな書物を次々と筆写した様子を彷彿《ほうふつ》とさせるのである。そうしたなかで、少年の日の日蓮聖人は仏教を勉強するうちにさまざまな疑問を持ち、その疑問を解決するには人智の及ぶところではないとし、仏陀《ぶつだ》の智慧を授けられることによってその疑問の解決を期したのである。今日、清澄寺の境内に凡血の笹が伝えられているが、日蓮聖人が虚空蔵菩薩に祈ってついに智慧の宝珠《ほうじゅ》を賜わり、気を失って血を吐いて以来、凡血《ぼんけつ》の笹とよばれるようになったものなのである。

比叡山に遊学

こうして勉学が進むにつれ、さらに深く広く勉学したいという思いが強まって行き、二十歳のころ、日蓮聖人は鎌倉に行って学ぶのであるが、いったん帰山して、あらためて比叡山延暦寺《ひえいざんえんりゃくじ》への遊学に出発《たびだ》つのである。今日でこそ読みたいと思う書物を自由に手にすることができるが、鎌倉時代には、たとえば仏教のすべてのお経を集録した大蔵経《だいぞうきょう》を読むためには、数少ない所蔵者、たとえば大寺院や八幡宮などで披見させてもらうしか方法がなかったのである。もちろんどのような書物でも印刷したものはないから、その場で書き写してゆっくり読むという方法しかなかった。であるから、本格的に勉強をするためにはどうしても学者の僧侶も揃い、書籍もたくさんある比叡山に行くしか方法がなかったのである。

比叡山は平安時代に中国から天台法華宗を日本にもたらした伝教大師最澄《でんぎょうだいしさいちょう》が開いた山で、京都の東北にほど近く、今では新幹線からよく見える山である。しかし、閑《しず》かで修行に適《かな》った霊地《れいち》であることから、伝教大師が延暦寺を設けたのである。つまり寺とはいっても修行僧のために開かれたのである。後に、東塔・西塔・横川《よかわ》の三谷《さんこく》に坊とよばれる多くの寺が建てられた。そのうち、日蓮聖人が学ばれたのは最も奥深く、比叡山の北側に位置する横川の第一の坊・定光院《じょうこう》であったと伝えられており、現在、それを記念する法華堂と日蓮聖人の銅像が建てられている。不思議なことに、鎌倉仏教の祖師たち、すなわち、法然上人・親鸞聖人・道元禅師も日蓮聖人より以前に、この横川で修学されたということである。

日蓮聖人は、この横川定光院を中心に、京都・奈良などの諸大寺に行かれた。奈良の東大寺は再建されてから間もない時代であった。現在中山法華経寺に伝えられる日蓮聖人書写の『五輪九字明秘密釈《ごりんくじみょうひみつしゃく》』は真言密教の秘書であるが、その末尾にはこれを「京都五条坊門富小路、坊門ヨリハ南、富小路ヨリハ西」で書写したことが墨痕あざやかに書きとどめられているのである。

日蓮聖人は必死に万巻の書物を読みつづけ、多くの仏教学者に質問をし、また討論をしたことであろう。しかし、誰一人として末法《まっぽう》と人々が嘆くこの時代を救う教えを日蓮聖人の胸に納得させる人はなかった。そうして日蓮聖人はついに、永遠のお釈迦さまが法華経を通して呼びかける末法の衆生への救いの声を聞いた。日蓮聖人はその救いの教えを夜を日についで確かめた。それをしっかりと確かめたとき、そのときが日蓮聖人が比叡山横川の定光院を出発する日であった。こうして、日蓮聖人は永年の研究の成果を胸に刻《きざ》んで、故山安房の清澄寺に向かったのであった。

建長五年（一二五三）四月二十八日、日蓮聖人は清澄寺《せいちょうじ》にほど近い旭《あさひ》が森《もり》から明けやらぬ東の空に向かって黙想していた。やがて堂々と昇り来る太陽に向かって日蓮聖人は「南無妙法蓮華経！　南無妙法蓮華経！　……」と十遍お題目を唱えた。

清澄寺で立教開宗

この世界ではじめて唱えられたお題目であった。その態度には何か厳しい意を決した面持がただよっていた。その日の正午から、かねて集まってくださいと連絡しておいた清澄寺の僧侶大衆《だいしゅ》、そして主だった信徒たちの前で、日蓮聖人は勉学の成果を静かに、しかし醇醇《じゅんじゅん》と説くのであった。人数はさして多くなかったであろう。しかし、そこに集う僧侶も信徒も代表的な人であったろう。それらの人々に、日蓮聖人はこう説いた。

――今、比叡山延暦寺はそれを開いた伝教大師の心を失っている。そして、伝統が崩れ失われようとしているときに、この世をはかなんで遥か西方十万億土にあるという極楽浄土《ごくらくじょうど》への生まれかわりを祈って、南無阿弥陀仏《なむあみだぶつ》の念仏を称《とな》える浄土の教えが比叡山の伝統にとってかわってしまっている状態だ。そして、その念仏の教えは今は鎌倉をはじめとして東国にも波及しているという。伝教大師の御意志を踏みにじるこのような教えの波及を許すことはできない。今日の私たちを救う教えはただひとつ、永遠のお釈迦さまが法華経に託された末法の救いによる以外にはないのだ！……

このような説教が進むにつれ、一座は異様な空気に包まれてしまった。その異様な空気の中心、東条郷《とうじょうのごう》の地頭景信《かげのぶ》が突然「やめよ！」と声を発した。「何たることだ！」と言った。近頃、念仏の信仰に帰依していた景信は日蓮聖人の説教に腹を立て、刀を抜かんばかりであった。僧侶たちも、醇醇と説く日蓮聖人の、しかし激しい内容に驚くばかりで、ともかく寺内で危害を生じないのがせいいっぱいであった。ともかく、日蓮聖人は山を下って逃れる術《すべ》しかなかった。聖人は東京湾を渡り、鎌倉の地を目指した。

日蓮の名乗り

「一波は万波を生ずる」という。考えてみれば、日蓮聖人が持ち帰った教えは広く日本をはじめとして世界を見通す壮大な教えである。したがって、それが清澄寺の内外でとどまることなど、できない相談であった。もともと、これを言い出せば法難が襲い来ることは覚悟していた。なぜならば、法華経の救いを知っていながら法難を恐れて言わなければ地獄に堕ちる。地獄に堕ちることを拒否して、現世で法難にあっても未来に仏道を成ずる途《みち》を選んだからである。

日蓮聖人は鎌倉に出て、幕府からさして遠くない松葉谷《まつばがやつ》に小さな草の庵《いおり》を結んだ。もちろん、鎌倉は東国《とうごく》の政治・文化の中心地であるから、知り合いもあった。真面目《まじめ》な仏教信徒、時代の不安に真剣に直面している人――そういう人たちに醇醇と法華経の末法の救いを説いた。人から人へと伝えられて行くうち、道端に面した部屋から街を行く人に呼びかけるということもしばしばであったろう。

後代に名場面として描かれる辻説法《つじせっぽう》も、こうした地についた語りかけによって実あるものとなったものであろう。そうしているうちに、一人の天台宗僧侶が訪れた。彼こそは日蓮聖人の教えに共鳴し、門下となり、生涯を通じて聖人の弘通活動を支えた後の日昭上人《にっしょうしょうにん》、弁阿闍梨《べんあじゃり》である。

このころ、日蓮聖人は是聖房を改めて「日蓮」と名乗った。その名は、法華経の末法の救いを成し遂げる使命感を意味している。日蓮の〈日〉は如来神力品《にょらいじんりきほん》第二十一の「日月の光明《こうみょう》の能《よ》く諸の幽冥《ゆうみょう》を除くがごとく斯《こ》の人（地涌の菩薩）世間に行じて能く衆生の暗《やみ》を滅せん」という経文の一字である。〈蓮〉は従地涌出品《じゅうじゆじゅっぽん》第十五にある「蓮華の水に在るがごとし」の一字で、地涌の菩薩は、泥の中にありながら美麗な華を咲かす蓮のような存在であることを意味している。地涌の菩薩とは、従地涌出品で大地から湧き出るように現われた菩薩たちである。その数はインドのガンジス河の沙《すな》の六万倍もの多数であった。しかも上行菩薩《じょうぎょうぼさつ》を代表とするこれらの菩薩たちは、永遠のお釈迦さまの永遠の過去からの本弟子なのであって、日蓮聖人の教えに従う門下の一人一人が、地涌の菩薩としての誇りを持つよう指導されて行くのである。

立正安国論

日蓮聖人が鎌倉に草庵を構えてから、あっという間に五年が過ぎていた。そのころ、正嘉元年には大地震が起こり、同二年には大風、同三年大飢饉、正元元年・二年には大疫病と大災害がつづいた。そうして人々は天候の不順による凶作、それに関連して疫病の流行という悪循環《じゅんかん》のなかで苦しみ、死骸が累累《るいるい》として山となり川を埋めて橋となる悲惨さであった。

日蓮聖人は、大蔵経《だいぞうきょう》にその悲惨を乗り越える道を問い、今こそ法華経の予言が現実のものとなって行くときであるとの答を見出し、その趣旨を『立正安国論《りっしょうあんこくろん》』としてまとめた。そして、幕府に大きな影響力を持っていた前執権《さきのしっけん》、最明寺入道時頼《さいみょうじにゅうどうときより》に宛てて差し出したのである。『立正安国論』は旅の客が悲惨な現状を乗り越えるためにはどうしたらよいのかを庵室《あんしつ》の主人である僧に問いたずねるという構成で叙述が展開されている。いろいろな経典に悲惨な現状の根本原因をたずねた上で、流行している浄土教の教えこそ仏教の伝統を否定するものだという結論を見出し、「早く信仰の寸心を改めて速かに実乗《じつじょう》の一善《いちぜん》に帰せよ」と、法華経の救いを確かめ、それによって個人の内面の安心立命と、社会の和平・安定とをはかるよう述べられ、しめくくられている。

四つの大きな法難

日蓮聖人の生涯は、激しい法戦の日々として人々の脳裏に印象づけられている。

したがって、日蓮聖人の三十七歳の文応元年（一二六〇）の『立正安国論』呈出から五十歳、文永八年（一二七一）の龍口《たつのくち》《りゅうこう》法難にいたる約十三年間、そしてさらに佐渡ケ島での約二年半の活動が最もよく知られているところである。その模様について、ここでは四大法難を紹介しておきたい。

「少々の難は数知れず、大難四《だいなんし》箇度《かど》なり」（『種種御《しゅじゅお》振舞御《ふるまいご》書《しょ》』）とみずから述べられているように、日蓮聖人は、当時の人々がともかく現状の苦しみから一刻でも早く遁《のが》れたいとして浄土教に心を寄せたのに対し、法華経を中心とする仏教の伝統にこそ末法の救いを見出すことをつよく主張したのであるから、その周囲には波の消えることはなかった。

草庵焼き打ち　わけても『立正安国論』で真正面から批判された念仏宗の信徒らは、文応元年《ぶんのうがんねん》（一二六〇）七月十六日、『立正安国論』献呈の一カ月後の八月二十七日、松葉谷《まつばがやつ》の日蓮聖人の草庵を大挙して襲撃し、焼き打ちにしたのである。日蓮聖人はからくも虎口を脱し、焼き打ちの犠牲になることはなかった。伝説によると、白猿が聖人に危険を知らせ、安全なところへ導いたという。もちろん、間もなく草庵は復興した。草庵の跡は現在の妙法寺と伝えるが、また近くの安国論寺とも、長勝寺がその跡だともいわれる。ともかく、それほどまでに後の門下たちにとって松葉谷の草庵は大切な霊地として伝えられているのである。

伊豆法難　次いでその翌年、弘長元年（一二六一）五月十二日、社会的不安を増大する危険人物として、幕府は日蓮聖人を捕《とら》え、鎌倉材木座《ざいもくざ》の浜辺から伊豆に流罪した。弟子の日朗《にちろう》が、同行を許されず、別れを嘆くのを日蓮聖人が制して、「伊豆の国伊東の浦は、此鎌倉よりは西に当たる、夕べに月天子の西の山端に出でさせ給ふを見ては、日蓮伊豆の伊東に安泰なりと思え、此鎌倉は伊東より東の方、朝日東天に昇り給わば弟子の日朗鎌倉に無事なるぞと、日蓮は安心致そうぞ」と語る情景は説法の名場面として有名である。伊豆に近づいた護送の舟は日蓮聖人を「まないた岩」（俎岩）という孤立した岩に置きざりにし、それを船守《ふなもり》の弥三郎《やさぶろう》が助けた話も有名である。故池田弥三郎慶応大学教授の名はそれに因んだ信仰篤《あつ》き祖母の命名による。伊豆伊東では、熱病快癒の霊験により地頭伊東八郎左衛門の帰依を受けた。二年足らずで、弘長三年（一二六三）二月二十二日に赦免をうけ、鎌倉に帰った。この間に著わした『教機時国鈔《きょうきじこくしょう》』は仏教経典のなかでなぜ法華経が今最高の救いをもたらすのかを〔五義《ごぎ》〕によって明らかにした（本書五十六ページ以下参照）。伊東の霊地には仏現寺《ぶつげんじ》・仏光寺《ぶっこうじ》が、鎌倉材木座には妙長寺《みょうちょうじ》がそのゆかりを伝えている。

小松原法難　再び鎌倉で活動を開始した聖人は、文永元年（一二六四）故郷安房に足を向けた。これを知った東条郷の地頭景信は十一月十一日夕刻、門下と同行する日蓮聖人を襲撃した。聖人は眉間に傷を受けたが一命をとりとめた。これを東条法難《とうじょうほうなん》、あるいは小《こ》松原《まつばら》法難とよぶ。この法難によって聖人は法華経の予言を体験したとし、「日本第一の法華経の行者」の自覚を発表した。今、その地に小松原鏡忍寺《きょうにんじ》が伝えられている。

龍口法難　こうした間、信徒たちはどうしていたのであろうか。日蓮聖人の教えに帰依した人々はそれぞれ信仰の集いを形づくり、その数はしだいに大きなものとなって行った。鎌倉はいうまでもなく、武蔵国《むさしのくに》（東京都・神奈川県・埼玉県）、相模国《さがみ》（神奈川県）、下総《しもうさ》・上総《かずさ》・安房《あわ》の各国（千葉県）、駿河《するが》・伊豆の両国（静岡県）などの各地に形成された講である。たとえば「大師講《だいしこう》」は天台大師の命日の二十四日に集う講であり、「八日講《ようかこう》」はお釈迦さまの御生誕の日の八日に集う講である。

ところが、その当時幕府は、たびたび蒙古から来る使者のもたらす情報に、大変過敏になり、またもや日蓮聖人を島流しにしようとはかった。大蒙古国《だいもうここく》・元《げん》は当時世界にまたがって強大な帝国の勢力を拡大しようとし、すでに中国・朝鮮半島を支配下に治めており、日本が攻撃されるのは時間の問題であった。それに対して、幕府は九州に防塁《ぼうるい》を築き、武士を各地から送り込み、全国の寺社に戦勝の祈願を行わせた。こうした物情騒然たるさなかに、文永八年（一二七一）鎌倉幕府は日蓮聖人を九月十二日に捕え、夜半にひそかに江の島の対岸・龍口《たつのくち》で首を刎《は》ねようとしたが、突然江の島の方向から光り物が現われ、刑はとりやめとなった。この奇跡に驚き、武士のなかには聖人に帰依を申し出た者もあった。そして、本間六郎左衛門の預かりとなり、いったん相《さが》模国《みのくに》依智《えち》（現在、厚木市）の本間氏の館に預けられ、十月十日に出発して佐渡《さど》ヶ島《しま》に流島されるのである。この法難は日蓮聖人の受けた法難のうちでも最大の法難であった。この法難で、捕えに来た少輔房《しょうぼう》は日蓮聖人から法華経を奪いとり勧持品《かんじほん》が収められている第五巻で聖人の頭をなぐりつけた。聖人は法華経の予言を今こそ体験するものだとして莞爾《かんじ》としてこれを受けた。また、馬に乗せられて鎌倉市中を通り、鎌倉幕府の守護神である八幡宮の前を横ぎろうとしたとき、日蓮聖人は馬から降りて「いかに八幡大菩薩《はちまんだいぼさつ》はまことの神か。……其上、釈迦仏《しゃかぶつ》、法華経を説き給ひしかば……無量の諸天並に天竺《てんじく》・漢土・日本国等の善神聖人のあつまりたりし時、各々法華経の行者に疎略《おろか》なるまじき由の誓状まいらせよとせめられしかば、一一に御誓状《ごせいじょう》を立てられしぞかし。……いそぎいそぎこそ誓状の宿願をとげさせ給ふべきに、いかに此処にはをちあわせ給はぬぞ」（いったい八幡大菩薩よ！　あなたはまことの神であるのか！　そうであるならば法華経が説かれた霊鷲山《りょうじゅせん》で誓ったように、法華経の行者を守護しなさい）と大声で呼びかけたことは人々を驚かせ、また急を聞いて多くの信徒たちが日蓮聖人にしたがったが、四条金吾が「もし聖人さまが首刎ねられるならば、私も一緒に死にます」と言って馬の口にとりついて跪《ひざまず》いた純心な行為を日蓮聖人は生涯にわたって思い起こしている。現在、龍口法難の聖地には龍口寺《りゅうこうじ》が建てられている。また、これに連座して信徒たちも圧迫を受け信仰から脱落する者が多かったが、わけても有力な弟子たちは捕えられ幽閉された。光則寺《こうそくじ》が土《つち》の牢《ろう》を伝える霊跡である。また、依智の妙《みょう》純寺《じゅんじ》は本間氏の館跡と伝えられる。

佐渡ヶ島での日々

佐渡ヶ島へ流されて最初におちついたのは三昧堂《さんまいどう》という、死者を葬る場所のそばに建つあばらやで、板のすき間から雪が降りつもる始末であった。その上、生命の危機は依然としてつづき、流島の翌年、文永《ぶんねい》九年（一二七二）一月には、島内のみならず北陸の僧たち百名ほどが集まり、三昧堂の前で問答が戦わされたが、日蓮聖人を論伏できる者はいず、解散してしまった。この塚原問答が終って、領主の本間氏も帰ろうとしたとき、聖人は本間氏をよびとめて、鎌倉で内乱が起きようとしているのに、あなたは早く鎌倉へ行かなくてよいのかと問い、やがてそれが後の二月騒動として現実化し、本間氏を敬服させた。

　こうした厳しい状況のなかで、日蓮聖人はさらに翌年の二月には『開目抄《かいもくしょう》』を著わし、鎌倉の四条金吾《しじょうきんご》を介して門下に示した。題名の意味は、末法の苦しさのなかで人々が法華経の救いに眼を開いて、しっかりと確かめるようにということである。『開目抄』は中国の儒教《じゅきょう》、インドの外道《げどう》（バラモン教）を仏教の教義のなかに包み込み、位置づけながら、精神文化は人類の歴史とともに向上して来たものであるといい、それら精神文化のすべてを究極的に意義づけ、それらの価値を明らかにする。そうして今、末法における法華経の救いの、すなわち永遠のお釈迦さまの誓願《せいがん》を受けて、日蓮聖人が体験によって法華経の予言をあらわして来たのは、「われ日本の柱《はしら》とならむ、日本の眼目《がんもく》とならむ、日本の大船《たいせん》とならむ」という三大誓願《さんだいせいがん》にもとづくものであることを明らかにしている。

しだいに日蓮聖人の人格に接し、帰依する人もできた。阿仏房日得《あぶつぼうにっとく》、千日尼《せんにちあま》の老夫妻が念仏の信仰を改めて日蓮聖人に帰依した劇的シーン、それ以後献身的に仕えた姿は有名である。そして、翌文永十年には一谷《いちのさわ》という好適な場所に草庵が移され、『如来滅後五五百歳始観心本尊抄《にょらいめつごごごひゃくさいしかんじんほんぞんしょう》』(略して『観心本尊抄』)を起稿し、四月二十五日に脱稿、ただちに下総の富木常忍《ときじょうにん》に送り、門下に対し秘(すべき)書として閲読させた。題名は、「お釈迦さまが入滅なさった後、第五の五百歳、すなわち末法のはじめにあらためて蘇《よみがえ》る仏教の信仰のあり方と、崇める本尊《ほんぞん》とを明らかに示す」というほどの意味である。『開目抄』に明らかにした内容を、さらに教義理論をもってくわしく述べたもので、「本門《ほんもん》の題目《だいもく》」すなわち南無妙法蓮華経の深い意味と、「本門の本尊」すなわち永遠のお釈迦さまの救いとを明らかに述べ、さらに「本門の戒壇《かいだん》」の趣意をほのめかしている。『観心本尊抄』を著わして三カ月後の七月八日、本門の法華経の救いを大きな紙面に書いた「大曼荼羅《まんだら》本尊」をはじめて著わした。それは日蓮聖人が法華経の救いを魂を込めて明らかにしたものであった。さらにその翌年、文永十一年には流罪が赦され、三月十三日に佐渡を出発して、二十六日に鎌倉に到着した。赦されて帰る人はいないというなかで奇跡的な鎌倉への生還であった。

身延山へ入山

佐渡から鎌倉に戻った日蓮聖人は四月七日、鎌倉幕府で重要な地位にあった平左衛門尉《へいのさえもんのじょう》と面会する。幕府側の関心事は蒙古がいつ攻めて来るかということであった。それに対し、日蓮聖人は今年はかならず来るだろうと判断を述べた。しかし、幕府側が日蓮聖人を予言者に見たてて質問したのに対し、日蓮聖人の関心事は、為政者が『立正安国論』の趣意をしっかり理解して、精神文化の乱れによって国家の乱れがあることをよく考え、法華経の精神によって政治を為すことへの期待であった。今日では精神文化と政治との関係は複合的であるが、当時の鎌倉幕府は一門による政体であるから、日蓮聖人の主張もきわめて直接的であった。その根本的趣意は今日のわれわれもよく理解できるところであろう。日蓮聖人はこれを第三度目の諫《いさ》めだといっている。第一回は『立正安国論』の献呈、第二は龍口法難の際の諫言《かんげん》で、これを合わせて三度の諫暁《かんぎょう》という。ともかく、鎌倉幕府の期待は日蓮聖人の述べる根本的視点には関知しない。

日蓮聖人は、もはや鎌倉で活動する必要はないと判断した。それならばどうするのか、遠い将来への展望を確立するためには、再び孤独になって山中に入るしかないと断ぜられた。五月十日鎌倉からめざしたのは甲斐国《かいのくに》の身延《みのぶ》であった。身延を含む南部《なんぶ》の領主は、かつて鎌倉で教えを受けた波木井《はきい》実長《さねなが》であった。五月十七日、実長の邸に到着。一ヵ月ほどの後、現在日蓮聖人の祖廟《そびょう》の下にその跡地がある身延山西谷《みのぶさんにしだに》に御草庵《ごそうあん》を構え、そこで法華経読誦《どくじゅ》と教義黙想の生活に入った。

身延山入山後は、『観心本尊抄』の後段に述べられた、その後の法華経の救いの弘まりについて書かれた書簡のかたちの『法華取要抄《ほっけしゅようしょう》』『曽谷入道殿《そやにゅうどうどの》許《がり（もと）》御書《ごしょ》』等が明らかにされた。そしてまた『撰時抄《せんじしょう》』が著わされた。「夫れ仏法を学せん法は必ず先づ時をならうべし」と墨痕淋漓と書き出された『撰時抄』という題名は、今の時代は末法であり、末法に弘められるべく予定された法華経の教えにすべてをゆだねなさいという意味である。そのようなことは今まで何度も語り示されていた。ところが、文永十一年（一二七四）の文永《ぶんねい》の役《えき》には蒙古は九州博多に上陸する前に大風のために退散したが、幕府はひきつづき九州の海岸線に防塁を築き、関東から武士を送っていた。そのために悲しい別離をする親や妻子の姿があった。こうして揺れ動く人心のなかで、法華経の信仰をつらぬき、揺るぎない救いを確かめつづけるように、日蓮聖人は『撰時抄』を門下に書き与えたのである。

その翌々年、建治二年（一二七七）の二月にはかつて幼少時代に教えを受けた清澄寺の道善房《どうぜんぼう》が亡くなった。その年のお盆も過ぎた七月二十一日、『報恩抄《ほうおんじょう》』二巻を書き著わし、弟子日向《にこう》に持たせて、嵩《たか》ケ森で二度、道善房のお墓の前で一度大声で読むよう指示した。いうまでもなく日蓮聖人の宗教は恩に報いることを根本とする教えである。老狐や年老いた白亀すら恩を忘れることはないという文章ではじまる『報恩抄』は、真実の報恩は永遠のお釈迦さまの救いを困難な時代に持《たも》ちつづけることであることを、仏教の歴史を追いながら解説し、世間の眼から見れば日蓮聖人は道善房に背《そむ》いたように見えるかもしれないが、実は日蓮聖人が法華経の信仰を末法に弘めた功徳はすべて道善房のもとに集まるものだと切々と述べている。故郷に容れられなかった聖人が、わざと七月の新盆が過ぎた段階で『報恩抄』を読ませた意味がうなずけようというものである。

日蓮聖人と信徒の交流

身延の日蓮聖人のもとへは弟子たちが四十人から六十人、後には百人にもふくれあがって止宿していた。身延山中のこととて、食糧品をまかなうだけでも大変だったことが想像される。これに対して、各地の信徒から次々と御供養のものが送られた。それに対する日蓮聖人からの御返事は現在でも数多く大切に保存されている。中村錬敬老師は『日蓮聖人と諸人供養』という書物によって、米・もち・塩・油・根芋・かわのり・柿・酒・小袖・紙・筆・墨などの供養物の検討をしているほどである。

身延に日蓮聖人が在山していた時期にも、日蓮聖人が希望していた公の場での教義論争（これを公場対決《こうじょうたいけつ》という）の可能性が見えたことがある。弘安元年（一二七八）の鎌倉からの便りにこたえて、日蓮聖人は『諸人御返事』を書き送り、公場対決に期待を持ったが実現しなかった。また、信徒の池上家では信仰をめぐって父子の対立が起こり、四条金吾《しじょうきんご》は主君江馬氏からしばらくの間、所領を没収される事件が起こり、また駿河の熱原《あつわら》(静岡県富士市熱原の本照寺がその霊跡)の百姓神四郎らが殺害され、関係者が乱暴を受ける事件があった。これを熱原法難という。これらのことも身延山からの書簡によって確かめることができるのである。

池上での入滅

長年の間の法戦によって日蓮聖人の頑健な肉体にも支障が見えはじめたのは建治三年(一二七七)のころのことである。四条金吾の調剤などによって一時は回復したもののだんだん状態は悪化するばかりであった。周囲のすすめもあったことであろう。常陸《ひたち》に身延の領主・波木井氏の所領があり、温泉が湧くというのでそちらへ向かうつもりであった。九ヵ年住みなれた身延山を離れる心持ちはどんなであったろうか。弘安五年(一二八二)九月十九日、武蔵国池上氏の邸に着いてただちに弟子の日興《にっこう》に代筆させた『波木井殿御報』のなかで日蓮聖人は、波木井氏の庇護に感謝するとともに「墓をばみのぶ沢にせさせ候べく候」と述べ、弱った身体であるので万一のことがあったときには身延山にお墓を造ってほしいと言っておられる。また、日蓮聖人が乗って来た栗鹿毛《くりかげ》の馬に情が移ってしまったので、一緒に来た舎人《とねり》とともにしばらく預りたいと申し送っている。

十月八日、日蓮聖人は「一、本弟子六人の事」をはじめとする遺言を弟子に書きとらせた。すなわち、日昭《にっしょう》・日朗《にちろう》・日興《にっこう》・日向《にこう》・日頂《にっちょう》・日持《にちじ》を弟子の代表と定め、今後も六人が心を一にして法華経の救いを伝えて行くよう遺言したのである。この六人を六老僧《ろくろうそう》とよぶ。

十月十三日辰の時（朝八時ころ）日蓮聖人は御入滅された。伝説によれば、そのとき地震が池上の全山を揺るがし、時ならず桜の花が咲いたという。御入滅の座に集った弟子・信徒は臨滅度《りんめつど》時《じ》の鐘を一打、また一打と打って御入滅を悲しんだ。そして御遺言通りに、池上で荼毘《だび》（火葬）に付され、百カ日には身延山にお墓が作られて、そこにお骨が奉安された。池上氏の邸は池上本門寺として今日に伝えられ、ことに御入滅の邸宅跡は本門寺山内の大坊本行寺《だいぼうほんぎょうじ》として伝えられ、日蓮聖人お寄りかかりの柱が奉安されている。荼毘所の跡には多宝塔《たほうとう》が建てられている。

かくして、それぞれの弟子たちは鎌倉・武蔵・上総・下総・安房・甲斐・駿河・佐渡などの各地方に日蓮聖人の教えを伝えて行ったのである。

第二章　法華経と日蓮宗の教え

一、日蓮聖人の宗教の根本

日蓮聖人の宗教の根本となっているものは何であろうか。ここでは結論的に五つの点を挙げ、その上で三祕《さんぴ》・五義《ごぎ》を中心とする日蓮宗の教義の構成について簡潔にふれることにしよう。

日蓮聖人の宗教の根本となる五つの点とは、左のとおりである。

一、末法の衆生のために説き遺《のこ》された法華経の救いにいたる南無妙法蓮華経の教えと、日蓮聖人の体験的な証明

二、立正安国の思想と社会を救う教え

三、報恩の教えと、正直にお釈迦さまの教えにしたがう倫理

四、現世安穏の祈りと、死後、善処に生まれることを確かめる教え

五、この娑婆世界にこそ救いの世界があること

第一に、法華経こそは末法の凡愚のために説き遺《のこ》された教えであり、法華経を中心としない仏教の救いはありえないということである。言葉をかえていえば、法華経は末法の衆生への未来記《みらいき》（救済の予言）として説きのこされたお経であるということである。

日蓮聖人は、中国の天台大師智顗《ちぎ》（五三八―五九七）のうちたてた仏教の体系的理解を基盤としている。いうまでもなく、仏教のお経は大蔵経《だいぞうきょう》とよばれるように、大きな蔵に収めきれないほど多くのお経（経典《きょうでん》）がある。そうした膨大なお経を統一的・体系的に理解しようとする試みがなされたが、中国浙江省台州天台県の天台山という深山幽谷にこもって天台大師は永年、思索と体験の世界に没入し、法華経にこそお釈迦さまの〔みこころ〕が説き明かされたことを見出した。そして、荊州当陽県玉泉山の玉泉寺《ぎょくせんじ》において『法華玄義《ほっけげんぎ》』『法華文句《ほっけもんぐ》』『摩訶止観《まかしかん》』を説いた。その内容の基本は、お釈迦さま御一代の説法は華厳経《けごんぎょう》・阿含経《あごんぎょう》・大乗諸経典、それをふまえて空の哲学を説く般若経《はんにゃぎょう》が説かれ、それらの説法の上に法華経が説かれたことを明らかにし、仏教哲学の深い修行を確かめることにあった。それに対し、念仏の教えを信じる法然房源空《ほうねんぼうげんくう》の著《あら》わした『選択本願念仏集《せんちゃくほんがんねんぶつしゅう》』などは、末法になると、とてもそのような深い修行の教えにはついて行けないという観点から、法華経を捨て去り、智の世界の信仰をとどめて、ひたすら阿弥陀仏《あみだぶつ》の

一代五時

（五時《ごじ》）——（五味《ごみ》）

華厳時《けごんじ》〈華厳経〉——乳味《にゅうみ》

阿含《あごん》（鹿苑《ろくおん》）時《じ》〈阿含経〉——酪味《らくみ》

方等時《ほうどうじ》〈大日三部経・浄土三部経など〉——生酥味《しょうそみ》

般若時《はんにゃじ》〈般若経〉——熟酥味《じゅくそみ》

法華《ほっけ》・涅槃時《ねはんじ》〈法華経・涅槃経〉——醍醐味《だいごみ》

五味とは、お釈迦さまの説法を、牛乳（乳味）が熟成してヨーグルトのような乳製品となり、やがてこの上もなくすばらしい味（醍醐味《だいごみ》）となっていく段階にたとえたもの。

西方極楽浄土《さいほうごくらくじょうど》へ生まれかわる（往生《おうじょう》する）ことを願う念仏信仰をすすめた。

それに対して日蓮聖人は末法のほんとうの救いはどこにあるかを問いたずねた。その結果、法華経には難解な哲理が説かれたと言われることを、裏側から見ると、それは末法の凡愚の救いを確かにするためであることを見出した。そうして天台大師が法華経から一念三千《いちねんさんぜん》の論理と、それにもとづく修行法（摩訶止観《まかしかん》＝素晴らしい禅定《ぜんじょう》の世界）をうちたてたのに対し、日蓮聖人は、「一念三千」とはわれわれの心に三千の世界をそなえているというところから、われわれの心に仏界にいたる可能性を確かめるという天台大師の理解を乗り越えて、直接的に永遠のお釈迦さまの慈悲と救いとを確かめたのである。すなわち、永遠のお釈迦さまが私たちをその大いなる慈悲と救いにつつんでくださっていることを明らかにしたのが本門の一念三千（根源的な意味を明らかにした一念三千）の哲理なのである。しかもそれはもはや論議・推理によって理解するのではなく、南無妙法蓮華経というお題目のなかに一念三千の哲理はつつまれているのであって、私たちもただ偉大にして永遠なるお釈迦さまの慈悲と救いを信じ受ければよいのである。

天台大師―理《り》の一念三千《いちねんさんぜん》―観念観法《かんねんかんぽう》（禅の深い瞑想《めいそう》の修行）
日蓮聖人―事《じ》の一念三千《いちねんさんぜん》―唱題修行《しょうだいしゅぎょう》（一心にお題目を唱え、たもつ修行）

法華経の予言を体験的に実証する

このように、日蓮聖人は法華経こそが末法の凡愚たちが仏陀《みほとけ》の示した真理を容易に理解しようとしないことを見通してのこされた、慈悲と救いの予言の書（未《み》来記《らいき》）であることを確認したのである。そして、このような慈悲と救いを伝えようとすれば、その実践者（法華経の行者《ぎょうじゃ》）にはさまざまな困難が待ち受けていることも予言されているのである。見宝塔品《けんほうとうほん》第十一の最後には＊六難九易《ろくなんくい》が説かれ、法華経を信じたもつことには多くの困難がある（此経難持《しきょうなんじ》）ことが説かれている。また勧持品《かんじほん》第十三には、生き仏のように尊敬を受けながら思いあがっている僧（僭聖増上慢《せんしょうぞうじょうまん》）、修行者として高い誇りをもちながら増上慢の僧（道門増上慢《どうもんぞうじょうまん》）、それらにしたがう社会人で増上慢の人（俗衆増上慢《ぞくしゅうぞうじょうまん》）という、一見すると立派な人々が仏教の奥義を理解せず、法華経を信じる人を迫害するであろうことが予言されている。さらに常不軽菩薩品《じょうふきょうぼさつぼん》第二十では、永遠のお釈迦さまも永い永い過去に「わたしはすべての人を敬います」と誓って修行をつづけ、さまざまな迫害を受け、常不軽菩薩とよばれたときがあったことが明らかにされている。日蓮聖人は信仰告白をしたときから一生涯そのような法華経の予言を証明し、やがて佐渡に流島されてから、末法の人々のための仏教の軌範を明らかにするのである。とかく日蓮聖人の御生涯はドラマチックな激動の面だけがとり出される傾向があるが、その根本にはこの章の最初に述べた法華経の救いを末法の人々にもたらす願いがあるのである。たとえば、『開目抄《かいもくしょう》』に明らかにされた「我れ日本の柱とならむ、我れ日本の眼目《がんもく》とならむ、我れ日本の大船《たいせん》とならむ」という三大誓願は、お釈迦さまの一切衆生を救おうという誓願を受けたものであることを忘れてはならない。

＊ 六難九易《ろくなんくい》　お釈迦さまが入滅された後、時代が経《た》つにしたがって、法華経の教えを弘めることがむずかしくなることのたとえ。法華経を説経し、書持し、暫くも読み、持説し、聴受し、奉持することは非常

にむずかしい（これを六難という）。そのむずかしさは、世間の人がとてもできそうもないこと、たとえば、法華経以外の教えを説くこと、須弥山《しゅみせん》を他方の仏土に擲《な》げ置くこと、足の指で大千世界《だいせんせかい》を動かし他国に擲《な》げること、有頂天《うちょうてん》に立って無量《むりょう》の余経を説くこと、手に虚空《こくう》の世界を把《と》って遊行《ゆぎょう》すること、大地を足の甲にのせて梵天《ぼんでん》に昇ること、乾草《ほしくさ》を背負い劫火《ごうか》に入って焼けないこと、八万四千の法蔵をたもち人に演説して聴衆に神通力を与えること、無量の衆生《しゅじょう》に阿羅漢《あらかん》果を得させ神通力を具《ぐ》えさせることも、お釈迦さまの滅後に法華経を受持し弘教することに比べれば、全く簡単なこと（九易）であるといわれる。

立正安国の願い

第二に立正安国《りっしょうあんこく》の思想である。日蓮聖人の願った救いは決して一人一人の内面にとどまる救いではあり得なかった。第一章でも述べたように、日蓮聖人の時代は世界が一つのものとして意識されようとしている時代であった。しかも、蒙古来襲《もうこらいしゅう》は日本国という意識を人々にわきたてさせ、世界を意識させる大事件であった。このような認識は日蓮聖人幼少時からの課題であった。このような時代に生きるとき、人間は何としてもこの地上の現実のなかで救いを得なければならないという思いにかられて行くことは、あまりにも当然であるかも知れない。このようにして立正安国思想は日蓮聖人の示す救いと根本的に一体なものなのである。

つまり、言葉を換えていえば、個人の救いは常に国全体の救いとならなければならないという、＊一国同帰《いっこくどうき》の思想がその一つの側面である。そこから念仏信仰等への批判も生まれた。この世界を逃れてどこかの浄土に救われたいと願う弱い心であっては、現実の救いを得ることはできない、という批判が、やがて*念仏無間《ねんぶつむけん》・禅天魔《ぜんてんま》・真言亡国《しんごんぼうこく》・律国賊《りっこくぞく》というまでに激しいスローガンを生むのである。今日では、言葉は別にして、いずれの仏教教団も日蓮聖人が語られたような現実的な救いを求める傾向にあるといって過言ではないであろう。それは日蓮聖人の思想の正統を物語る一証拠ではなかろうか。

このように純粋な精神をつらぬき通すには妥協はゆるされない。日蓮聖人はそのことをつらぬくために、法華経の信仰に共鳴しない者からのほどこし（布施《ふせ》）は受けないし、また法華経の信仰を真剣に求める者以外には安易な祈りをあたえなかった。後にこれが教団のあり方を内部的に批判する教条として*不受不施義《ふじゅふせぎ》として確認されると、きわめてきびしい態度となり*日蓮宗不受不施派を生むのであるが、日蓮宗には信仰の純粋をつらぬく法華気質は脈々として息づいており、たとえば他宗の寺社に詣でてもお題目で法華経の真実を開顕する気持をつらぬいたり、また、それは見学であって参詣したのではないとするということなどがその一例である。*折伏《しゃくぶく》もそれと表裏一体するもので、「智者に我が義破られずは用いじとなり」（真実の智を語る人に出会って日蓮の理解した哲理が破折されないかぎり、その信念を変えることはない）という日蓮聖人の教えにひたすらしたがうことである。したがって、いたずらに人に恐迫的言辞を弄したりする態度とは断じて異なるものである。

＊　一国同帰の思想　『立正安国論』の根本思想は、仏教の救いが、個人個人の悩みの上で考えられるのであってはならないのであって、むしろ日本国の一切衆生はすべて同じ悩みに立たされているところに各個人それぞれの悩みがあるとするところにある。したがって、立正安国の理想が実現したときには、日本国の一切衆生がすべて同じ信仰に帰依し、広大な仏陀《みほとけ》の救いを受けることになると主張された。

＊　念仏無間・禅天魔・真言亡国・律国賊　非常に激しい批判の言葉であるが、その本意は、日蓮聖人が法華経の真実を明らかにして仏教の根幹を正すことにある。すなわち、永遠（久遠《くおん》）の教主釈尊の教えをつきつめて行くと、当時の念仏宗・禅宗・真言宗・律宗などは、むしろその根幹を否定しようとするものではないかと批判した。正しい教えが弘まることが国の安定に連なるとは諸経の示すところであるから、それぞれの宗に救いがないことを、それぞれの宗の標榜する言葉を用いて批判としたのである。これを四《し》箇格言《かかくげん》という。

＊　不受不施義《ふじゆふせぎ》　不受不施とは受けず施さずということ。不受はおおむね僧侶の立場で日蓮宗以外の他宗・不信者（謗法者）からの供養や施物を受けないこと。不施はおおむね在家信者の立場で他宗謗法の僧には布施供養をしないということ。

＊　日蓮宗不受不施派　豊臣秀吉の大仏千僧供養会《くようえ》の出仕に関して、不受不施義を主張し出仕を拒絶した仏性院日奥《ぶつしよういんにちおう》を派祖とする岡山県金川妙覚寺《かながわみようかくじ》を本山とする日蓮系の一派。江戸幕府によって厳しく弾圧され、地下信仰として法脈を伝承したが、明治九年に新政府から再興・派名公称の認可が下り、独立宗派となった。

＊　折伏《しやくぶく》　破折調伏《はしやくちようぶく》の意。穏やかで寛容的な教化法である摂受《しようじゆ》（摂引容受《しよういんようじゆ》）に対し、相手の邪義を徹底的に破折して、正義に帰伏せしめる厳格な導き方をいう。日蓮聖人は悪世末法においては釈尊の在世と同様

な仏教流布はありえないという考えから、折伏による法華経の弘通を主張する。しかし、単に破邪のみにとらわれるのではなく、法華経による仏国土の建設という顕正《けんしょう》の面なくしては折伏の実践はない。

報恩の宗教

第三に挙げることとは、日蓮聖人が報恩ということを非常に重んじていることである。『報恩抄《ほうおんじょう》』の巻頭に「夫《そ》れ老狐は塚をあとにせず。白亀は毛宝が恩を報ず」と述べ、倫理とはほど遠い動物であっても、年老いた狐はすぐれた智慧を持つようになって故郷に足を向けて死ぬことはないし、また白い毛になるほど長生きした亀は、かつてその昔に生命を助けてくれた恩人の毛宝《もうほう》将軍の危機を救って恩返しをするほどであることを明らかにしている。さらに日蓮聖人は、人間の倫理を人類社会の成立から説き起こし、儒教に示されたかずかずの忠孝の故事に見る報恩のあり方は、精神文化がインドのバラモン教(外道)、そして仏教へとたかめられても、一貫しているものでなければならないと説いた。流罪地の佐渡で著わされた『開目抄』には「沛公《はいこう》は帝《みかど》となって大公《たいこう》を拝す。此等は孝の手本なり。弘演《こういん》といひし者は、懿公《いこう》の肝を取って我が腹をさき、肝を入れて死しぬ。此等は忠の手本なり。」と述べ、漢の沛公は帝王となった後までもなお父の大公の前では跪《ひざまず》いたが、これは孝の手本であり、また中国春秋時代の弘演という人は外敵に命を奪われ、内臓を残すのみという無惨な姿となった主君を悲しみ、自分の内臓をえぐりとって主君の肝を入れて殉死したが、これは忠の手本であることを明かしている。

日蓮聖人は、その報恩の精神は仏教においても一貫しているものであり、法華経において結実するものであるとした。

日蓮聖人が法華経を中心とするのは、真実の報恩は永遠のお釈迦さまの〔みこころ〕にしたがうことにあるとするからである。永遠のお釈迦さま（すなわち久遠実成《くおんじつじょう》の釈尊）の究極のおさとりの境地を知ってこそ、真実のお釈迦さまのお弟子になることができる。いわば、正直にお釈迦さまの心にしたがうこと、それが仏教信仰者にとって最も大切なことなのである。かくして、法華経が正直の教えであることと、真実の報恩とが結びつき、その恩は決して世俗の恩にとどまるものではなく、世俗を超えた真理の世界のレベルで報恩の教えが説かれるのである。このように法華経の報恩に収約された報恩の倫理こそ、日蓮聖人の宗教の根本なのである。

＊白亀は毛宝が恩を報ず　毛宝は中国晋の人。少年のときに漁師が一白亀を捕えたのを見て、これを買い取り水に放してやった。二十年後、毛宝が戦いに敗れて水に投じてのがれようとしたとき、白亀が現われて背に乗せて対岸に渡し昔日の恩を報じたという。

現世安穏と後生善処

第四には、日蓮聖人が現実的な救いを求めたことである。もともと大乗仏教では、すべての現象はみな相対的に相い依り合って存在していると見る。そして、そのような因縁《いんねん》（関係の仕方）を離れた現象は存在しないと見る。このような認識を〈空《くう》〉の思想という。それに対して、法華経の教えはただ空を明らかにする観照的な人生観にとどまるものではない。一般に仏教は〈空〉の思想から、すべてこの世は無常であることを強調するけれども、それに対して法華経はあらゆる存在（諸法）が空であり、流転しないものは何一つとしてないという真理をかみしめながら、それゆえに苦難を乗り越えて人生を全うする道を指し示すものである。法華経が〈空〉をさとりきることに執著した声聞《しょうもん》・縁覚《えんがく》のあり方を否定し、菩薩《ぼさつ》の道を明らかにしたのはそのような積極的な人生を指し示すことと一体の関係にあるのである。しかも、永遠のお釈迦さまのきびしい教えを実践して生命をも惜しまない本化《ほんげ》の菩薩の道が次々と示されて、生死《しょうじ》を超越した菩薩の修行のありようが明らかにされているのである。

日蓮聖人はしばしば「是の好き良薬《りょうやく》を今留めて此《ここ》に在《お》く」「法華経は閻浮提《えんぶだい》の人の病の良薬なり」という法華経の経文をしるし、ことに大曼荼羅《だいまんだら》本尊《ほんぞん》にこうしたお経の文《もん》を讃文《さんもん》として書きとどめられている。しかしこれは、単に個人的な病気だけを意味するのではなく、むしろ時代社会の病からの脱却を祈っているのである。その精神はあの『立正安国論』に述べられているが、後年、病気に悩む女性に、人が死ぬのはかならずしも病気によるものではなく、むしろ社会的病気ともいうべき蒙古来襲によって壱岐《いき》・対馬《つしま》の島の人々が虐殺されたことをあなたも聞いているでしょうと現実的にその趣旨を語っている（『高橋殿御返事』）。

そのように現実の人生の法華経の加護を説く一方では、死後の来世の救いを語っている。たとえば、今、身延山の日蓮聖人御廟の左側にお墓のある阿仏房日得《あぶつぼうにっとく》の成仏《じょうぶつ》のすがたが妻千日尼《せんにちあま》に示されている。阿仏房は日蓮聖人が佐渡へ流罪されたとき、日蓮聖人を切りつけようとするほどの念仏信者であったが、かえって日蓮聖人の威厳に打たれて、逆に人目をもかえりみずに積極的に日蓮聖人に仕えた人物である。その阿仏房の死後、妻千日尼が果して成仏したかどうか日蓮聖人にお聞きしたところ、日蓮聖人は千日尼への御返事に次のように阿仏房の成仏を保証している。

「されば、故阿仏房の聖霊《しょうりょう》は今いづくにかをはすらんと人は疑ふとも、法華経の明鏡《めいきょう》をもって其《そ》の影をうかべて候へば、霊鷲山《りょうじゅせん》の山の中に多宝仏《たほうぶつ》の宝塔の内に、東むきにをはすと日蓮は見まいらせて候」

つまり、阿仏房は、永遠に法華経が説きつづけられている霊山浄土《りょうぜんじょうど》（霊鷲山の浄土）に救われていることをお示しくださっているのである。

それならば、このような現実の人生の加護と死後の成仏とはどのように結びつけられているのであろうか。日蓮聖人の五大主要著作の一つ『撰時抄《せんじしょう》』の最後は、祈りのこめられた言葉で終っている。

「霊山浄土《りょうぜんじょうど》の教主釈尊・宝浄世界の多宝仏・十方分身の諸仏・地涌千界《じゆせんがい》の菩薩等、梵釈・日月

・四天等、冥《みよう》に加し顕《けん》に助け給はずば、一時一日も安穏なるべしや」

この言葉に日蓮聖人の祈りが収約されていると拝するのである。つまり、法華経の救いとは、永遠に久遠釈尊によって説きつづけられる法華経の浄土に救われることであり、それは現世では加護となり、未来には霊山浄土の救いになるのである。法華経の信仰においては、生と死、過去世と現在世と未来世とが一貫したものとして認識される。そのように現世安穏《げんせあんのん》と後生善処《ごしょうぜんしょ》(死後、霊山浄土という善き処《ところ》に生まれること)とが一貫しているのである。

娑婆世界の救い

第五には、仏教の救いを私たちの生きている娑婆《しゃば》世界に求めようとしたことである。娑婆とは、梵語のサハー sahā の音をそのまま写しとった言葉である。サハーとは忍苦という意味である。つまり、娑婆世界とは、われわれの生きているこの現実世界が、苦しみに充ち満ちている世界で、その苦しさを耐えて生きて行かなければならないところだというのである。日蓮聖人が出現される前段階の日本は、国中が念仏の声でうまったといわれる。それはなぜかというと、日本の一般大衆は、到底お釈迦さまのおさとりの教えによって成仏することは困難であると断念する仏教の受けとり方が流行したためである。つまり、智慧を磨くことによって仏教のさとりを得ることを断念して、阿弥陀如来の名号《みようごう》を念じて、西方十万億《さいほうじゆうまんのく》土《ど》にある極楽浄土《ごくらくじようど》に往生《おうじよう》し(生まれかわり)、そこで安楽に修行する道を選びなさいという教えが流行したのである。このような浄土念仏の教えはだんだん盛んになり、法然房源空《ほうねんぼうげんくう》の著わした『選択本願念仏集《せんちゃくほんがんねんぶつしゅう》』によって、日本国中に決定的に弘まった。

それに対して、日蓮聖人はこのような教えが弘まることを嘆き悲しんだ。なぜなら、きわめて根本に立ち帰って考えると、仏教の教主はお釈迦さまであり、そのお釈迦さまの救いの教えこそが根本でなければならないからである。前に述べた四箇格言《しかかくげん》によって批判される諸宗はみな、この根本に違背しているからこそ、日蓮聖人は強烈に四箇格言をとなえたのである。

つまり、日蓮聖人はなによりも私たちの生きているこの現実の世界で、お釈迦さまの救いを得ることを求められた。それが日蓮聖人が仏教の救いを求める根本の姿勢である。

さて、日蓮聖人が仏教の救いをこの娑婆《しゃば》世界で求めるということを根本とされたことは、実は第二に述べた『立正安国論』の思想とも密接に関連する。筆者はいつも、日蓮聖人が東国の風土のなかで出生され、活動されたことの意味を重く考えたいと思っている。聖人の当時の日本の首府は京都であった。つまり、公家《くげ》政権によって日本は支配されていた。それに対して鎌倉幕府は、武士が鎌倉を中心として東国の行政を司っている政権である。周知のように、この両者はなかなか複雑微妙に連関していた。そのような複雑な社会での民衆の苦しみがあった。日蓮聖人は決してそのような状況を政治構造の問題として考えたのではない。しかし、そのようななかで呻吟する民衆の一人としての眼から仏教の救いを求められ、法華経の教えを明らかになされた。京都という政治・文化の中心でなく、かえって矛盾に充ち満ちていた東国の社会で現実をご覧になったからこそ、そこに現実に即しながら、未来を法華経の鏡によって写し出す教えを明らかにすることができたのである。

そのような意味で、娑婆国土に救いを見出す根本精神の有《あ》り難《がた》さをかみしめたいと思う。

二、日蓮聖人の教えの基本
――「五義」について――

さて、日蓮宗の教えは、簡明にいえば、久遠実成《くおんじつじょう》の釈尊の救いを信じ、その救いを示す大曼荼羅御本尊に心から帰依し、南無妙法蓮華経のお題目を信じ唱えて、現世での生き生きとした人生を祈るとともに、未来世の成仏を願うことにあるであろう。

ところで、前述した日蓮聖人の宗教の根本を含めて、今述べた教えがどのようにして成り立つかを論じるのが教義学の課題である。そして、日蓮聖人がお示しになった教義の中枢を簡潔に述べようとすれば、まず〔五義〕について述べ、さらに〔三大秘法〕の要点を示さなければならないであろう。

五義ということ

五義とは、法華経こそが、今、末法に生を享けた私たちの救いのために説きのこされた経典であることを、五つの面から論証する教義である。五つの面からとは、⑴教の内容から検討してみても、⑵末法悪世に生きる凡人という機（人間のあり方）と照合してみても、⑶末法悪世という時（時代性）に対応してみても、⑷末法の日本という国（社会）の状況に照らしてみても、⑸仏教が説き弘められて来た序（順序次第）に照らしてみても、また今、上行菩薩《じょうぎょうぼさつ》という師がご出現になって法華経の教えを説き明かし、仏教が説かれる順序次第を完成されることに照らしてみても、ということである。

これをつづめていえば、〔五義〕とは、教《きょう》・機《き》・時《じ》・国《こく》・序《じょ》（師《し》）の五つの意義を知ることであるということができよう。

教を知ること

「教を知る」というのは、大蔵経《だいぞうきょう》とよばれるほど数多くある経典のなかで、法華経の教えが最もすぐれていることを確かめることである。日蓮聖人は仏教の意義を考えるのに、儒教やバラモン教などインド諸宗教を含めた精神文化全体を問題にした。そうして、仏教こそ過去世・現在世・未来世という三世を一貫するわれわれの生命を根源的にとらえ、そして三世にわたる修行と救いを示す宗教であることを確かめた。

さらに仏教経典が説かれて行く段階について考察し、華厳経→阿含経→大乗諸経典→般若経→

法華経・涅槃経と説かれる意義を考察した。このことは前にもふれたが（本章一、四二ページ参照）、結論的には、法華経がお釈迦さまの〔みこころ〕を明らかにした経典であることを明らかにした。その理由は、日蓮聖人によって、特に末法の衆生の救いという点から述べられる。第一に如来寿量品《にょらいじゅりょうほん》第十六を中心として、お釈迦さまが、おんみずから、永遠の教化《きょうけ》によってあらゆる人人に救いをあたえる誓願を立て示されていることの意義が明らかにされる。すなわち、お釈迦さまがすぐれた弟子たちの前でくりかえし「末世の人々のために」という言葉を述べて、末世・末法の衆生の救いを明らかにしていることからも推察されるように、法華経の真意は仏教の精神から遠ざかってしまう末法の衆生の救いを明らかにすることにあるのである。そして第二に、そこから方便品第二を中心として、仏の智慧の広大さが説かれる意義は、第一に示されたお釈迦さまの寿量の永遠によって裏づけられ、大いなる慈悲の救いの上に語られることなのである。以上のような点から、法華経の教えが末法において最もすぐれていることが明らかにされるのである。

機を知ること、時を知ること

「機」とは凡人ということ。したがって機を知るとは、救いと衆生《しゅじょう》との関わりを確かめることである。つまり、結論的には、末法の衆生は法華経の救いを受けるように予定されていることが、法華経に示されているのである。

「時を知る」とは、仏教が弘まって行く時間の経過とともに、教法《おしえ》がしだいにたかまって行き、末法にいたって最もすぐれた法華経の教えが時代に適合した教えとして予定されていることを確かめることである。一般には、お釈迦さまが入滅なさって後、正法《しょうぼう》一千年・像法《ぞうぼう》一千年が経過すると、末法《まっぽう》一万年がつづくとされる。正法とはほぼお釈迦さまの時代と同様な仏教の修行が行われている時代、像法とはかたちだけがよく似て行われる時代である。それに対して、末法とは仏教の信仰が衰弱して衰滅に頻する時代である。ところがこの法華経のすぐれた教えは、末法にいたって大いに発揮するよう予定されている教えであることを知らねばならないのである。

国を知り教法流布の先後を知る

「国を知る」とはどのような仏教がどのような国土に縁が深いかを確かめること。古来、法華経は中国の仏教書のなかで東北の地域に縁がある経典とされ、とりもなおさず、日本の国に縁が深いとされたことが明らかにされる。

また、仏教が伝播した状況から法華経が弘められるに最もふさわしいことが確かめられる。「教法流布の先後を知る」とは、仏教が弘まるにしたがって、だんだんと深い教えの内容が明らかにされることを確かめることである。これをまた「序を知る」ともいう。すなわち、仏教の宣布の歴史の上に、法華経が今末法に弘められなければならないことが明らかにされる。

そして、さらに、日蓮聖人が法華経の未来記（予言）を渾身の心をこめて実践して行った上で、日蓮聖人こそ末法に法華経を伝えることをお釈迦さまから命じられた上行《じょうぎょう》菩薩の応現《おうげん》（あらわれ）として、法華経を弘めているという自覚の世界に到達なされた。すなわち、上行菩薩の応現である日蓮聖人こそ、末法の衆生のために仏教の意義をあらためて説きなおし、法華経の真髄をあらわになされる末法の大導師であることを明らかにされた。これを「師の自覚」または「師を知る」という用語で表わしている。

五義が明らかにすること

　日蓮聖人は生涯にわたってこの五義の面から法華経の救いの尊さを明らかにし、しかも時を経るにしたがって、しだいに奥深いものとして行かれた。しかもその背後には、前に述べたように、精神文化を見わたす広い視野からの思索と体験があったことはいうまでもない。

三、日蓮聖人の信仰と体験
――「三大秘法」について――

三大秘法とは

「三大秘《さんだいひ》法《ほう》」とは、「本門《ほんもん》の本尊《ほんぞん》」「本門の戒壇《かいだん》」「本門の題目《だいもく》」を意味する。

なぜ「秘法」かといえば、この三大秘法は、前述のとおり法華経に予定された上行菩薩の応現たる日蓮聖人のみがはじめて明らかにすることのできる教えだからである。これまでできるだけ専門用語を使うことを避けて来たが、ここでどうしても「本門」ということにふれねばなるまい。法華経の前半十四章（正確にいえば十四品《じゅうしほん》）を迹門《しゃくもん》といい、後半十四章を本門《ほんもん》とよぶ。要するに、如来寿量品第十六においてお釈迦さまの永遠の教化が明らかにされることによって、法華経の教えの真髄が明らかにされるから、後半を本門とよぶのである。それに対し、方便品第二を中心とする前半はお釈迦さまの永遠の教化が明らかにされる前の教えであるから、垂迹《すいじゃく》の法門《ほうもん》（おしえ）という意味で迹門とよぶのである。

さらに本門の教えの意味からいうならば、お釈迦さまの永遠の教化を明らかにし、あらためて宗教受容能力が鈍化してしまった末法の衆生のために、お釈迦さまの永遠の救いを「本尊」「戒壇」「題目」の三つに収約して示そうとするものである。

したがって、この三大秘法は決して単なる修行の仕方を表わすという理解であってはならない。この三大秘法によってのみ、法華経の内蔵する永遠の教化、すなわち過去・現在・未来を一貫する救いを確かめることができるものなのである。

本門の本尊とは

本門の本尊とは「久遠実成《くおんじつじょう》の教主釈尊《きょうしゅしゃくそん》」である。それは今まで「永遠の教化をお示しになるお釈迦さま」というふうに示して来たことと同じ意味とお考えいただきたい。永遠の救いをお示しになられるお釈迦さまはどのように表現できるであろうか。日蓮聖人は、一方ではお立ちになった木像のおすがたのお釈迦さまに生涯お仕えなされた。

けれども、他方では文永十年（一二七三）七月八日に流謫の地、佐渡ケ島の一谷《いちのさわ》ではじめて大曼《だいまん》茶羅《だら》御本尊を一幅の紙面に墨書なされた。以後、次々と小さいものは和紙一枚に、大きいものでは二十八枚を貼り合わせた紙面に墨書なさった。今日でも百二十数幅の日蓮聖人御真筆の大曼茶羅御本尊が伝えられている。考えてみると、七百年以上の星霜に耐えて伝えられている有り難いことなのである。

このように二つの表現があり、また木像の場合には久遠実成の教主釈尊であることを表わすために、地涌《じゆ》の菩薩の四首導《ししゅどう》（上行《じょうぎょう》菩薩《ぼさつ》・無辺行《むへんぎょう》菩薩・浄行《じょうぎょう》菩薩・安立行《あんりゅうぎょう》菩薩）とともに造立《ぞうりゅう》された形式などが見られる。また、大曼茶羅御本尊も久遠実成の教主釈尊の教えが永遠に説きつづけられ、永遠の救いが実現されていることを表わしている。

要するにそれらはすべて法華経の教主釈尊の救いを表わしているのである。そのように、「本門の本尊」は私たちに法華経の永遠の救いの世界をよびかけている。

本門の戒壇について

日蓮聖人の主著『如来滅後五五百歳始観心本尊抄』の最後に示されているように、仏教はインドでも中国でも大寺院を中心として伝えられて来た。それは一面、それぞれの段階での「戒」を授ける戒壇という施設をともなっていた。日本においても、聖徳太子は四天王寺を建立《こんりゅう》し、聖武天皇は東大寺を建立し、伝教大師は比叡山に延暦寺を創始した。しかし、まだいずれも本門の教主釈尊を本尊とすることはなかった。

日蓮聖人は、こうした実状に対して、何よりも本門法華経の教主釈尊の寺塔を建立して、末法の衆生の救いの拠点、あるいはシンボルとする念願をお持ちであったと拝察するのである。このような日蓮聖人の御遺命を受けたお弟子がた、さらにそれを素直に継承して行く私たちにとっては、先師先哲が努力に努力をかさねて築いて来た今日の総本山身延山《みのぶさん》久遠寺《くおんじ》、大本山池上本門寺を中心とする日蓮宗五千五百ヵ寺の伝統が誇られているのである。

けれども、私たちの先師はこれらの伝統をも、まだ日蓮聖人の御遺命を拝して「一天四海皆帰《いってんしかいかいき》妙法《みょうほう》」の願いを達成するにはほど遠いという反省のもとに、「本門の戒壇」を、使命達成を誓願する精神として理解し、具体的な「本門戒壇」の建立は、壮大な使命を将来において達成したときの目標として来たのである。

このような伝統に立つならば、私たちが立派な指導者の導きを受けて、久遠実成の教主釈尊の救いを体得し、具現する清浄な寺院にこそ本門戒壇の精神が現われることであろう。また、そのような意味で、本門戒壇の誓願を達成する霊地として、日蓮聖人の棲神《せいしん》（御魂のお棲みになる）の霊地身延山久遠寺の尊さを思い、法華経の救いを現実の世界に具現する祈りをたかめねばならないであろう。大本山池上本門寺をはじめとする数々の霊地の寺院もこれにつづく祈りの根拠地となって行かなければなるまい。そして、各々が法華経の救いを祈るその場所に、いたるところ、法華経の救いの祈りを印《しる》さねばなるまい。

本門の題目のいのり

「題目」とはふつうにいえば題名ということである。しかし、南無妙法蓮華経のお題目はそういうことではない。私たちが拝読し拝誦《はいしょう》する法華経、正確にいえば『妙法蓮華経』は、〔妙法蓮華経〕という教えを明らかにするためのお経《きょう》なのである。

もう一度くりかえすと、南無妙法蓮華経という教えが先にあって、その教えの内容を明らかにするためのお説教の模様がしるされたのが『妙法蓮華経』というお経本《きょうほん》なのである。つまり、お題目は教えの内容として先にあって、お経はその教えを明らかにするものなのである。

このことを専門用語では、南無妙法蓮華経のお題目は「五重玄具足《ごじゅうげんぐそく》のお題目」であるという。五重玄とは、名玄義《みょうげんぎ》・体玄義・宗玄義・用《ゆう》玄義・教玄義の五重玄義のことである。玄義の玄というのは玄米の玄と同じで、ただ「くろい」という意味だけでなしに、「根本の」という意味を持っている。

南無妙法蓮華経というたった七文字ではあるが、そこには奥深い教法《きょうぼう》（おしえ）が収約されているのである。名であるとともに本体であり、それは因（原因）と果（結果）、救いのはたらきを宿しており、さらに衆生にそれを教えとして示して行く根本的な法《おしえ》なのである。

受持唱題の功徳

この南無妙法蓮華経の教えを受け持《たも》つことを「受持《じゅじ》する」といい、南無妙法蓮華経のお題目を唱えることを「唱題《しょうだい》」という。このお題目の教法《きょうぼう》（おしえ）は、上行菩薩の応現である日蓮聖人が、苦難をかさねながら法華経を体現なされた上で、私たち末法の凡人たちをして久遠実成の教主釈尊の救いにお導きくださるためにお示しくださった有り難い教えである。

先にふれた『観心本尊抄』には、このことを、

「釈尊の因行《いんぎょう》・果徳《かとく》の二法は、妙法蓮華経の五字に具足す。我等、此の五字を受持すれば、自然《じねん》に彼の因果《いんが》の功徳《くどく》を譲り与えたもう」

とはっきりお示しくださっている。すなわち、お釈迦さまの永い永い御修行のすべてと、そして真実の仏陀《みほとけ》のおさとりを完成なされて以来、永遠にわたって教導をお示しくださっているそのすべての仏徳がこの南無妙法蓮華経のお題目に収められているのである。

この尊いお題目を受持することこそ、私たち法華経の教えに生きる日蓮聖人門下の最大の修行なのである。そして、法華経を読誦することも、解説することも、書写することも、それらすべてがお題目をほんとうに受持することを補佐するための修行なのである。

なお、「妙」ということは、開き顕す、蘇《よみがえ》らせるなどの意味がある。この妙の功徳はおのずからお題目にもそなわっているのであって、そのように理解すると、お題目を受持することの尊さが、私たちにも見えて来るように感じられるのである。

以上、概要を述べたが、第三章では、日蓮聖人の御遺文《ごいぶん》（御文章）を掲げて、さらにくわしく教義を解説することとしよう。

第三章　日蓮聖人の遺文

一、日蓮聖人遺文の梗概

日蓮聖人の著作・書状などを総称して遺文《いぶん》という。日蓮聖人は六十年間にわたる生涯のなかで、多くの著作や書簡を著わされた。日蓮聖人門下ではこれを、御遺文・御書《ごしょ》・御妙判《ごみょうはん》・御聖教《ごしょうぎょう》等と称して、大切に格護し、今日に伝えてきたのである。著作・書状は日蓮聖人の思想信仰をはじめ、人柄や生活の様子などを知る基本的な文献であるとともに、門下檀越《だんのつ》の動向、および広く当時の社会の様相などを具体的に今日に伝える貴重な資料となっている。

現在、日蓮聖人遺文は著作・書状を含めて四九三篇余が知られており、このほかに断簡《だんかん》三五七点余、図録《ずろく》六五篇、書写本二三点、要文《ようもん》一四〇点、および注法華経《ちゅうほけきょう》、曼荼羅《まんだら》本尊《ほんぞん》一二三幅余が伝えられている。これらの遺文は『昭和定本日蓮聖人遺文』四巻、『定本注法華経』二巻、『日蓮聖人真蹟集成《しんせきしゅうせい》』十巻などに集録し刊行されている。

ここでは、これら日蓮聖人遺文を通して、聖人の思想信仰を紹介してみたい。

なお、原文の引用は『昭和定本日蓮聖人遺文』（立正大学日蓮教学研究所編・身延山久遠寺発行）による。

二、遺文にみる日蓮聖人の教え

1 日蓮聖人の歴史的思想の系譜

顕仏未来記《けんぶつみらいき》

文永十年（一二七三）閏五月十一日、佐渡一谷《いちのさわ》にて述作。聖寿五十二歳。聖人はこの年の四月に、みずから「当身《とうしん》の大事《だいじ》」と称せられた『観心本尊抄《かんじんほんぞんしょう》』を撰述されている。本書は『観心本尊抄』を承《う》けて、純粋な法華経信仰の系譜に自己を位置づけ、末法における法華経弘通《ぐつう》の導師《どうし》であることの自覚を表明されたものである。

原文

天台大師は釈迦に信順し、法華宗を助けて震旦《しんたん》に敷揚《ふよう》し、叡山の一家は天台

現代語訳

伝教大師最澄《さいちょう》は『法華秀句』に「天台大師は釈尊の教えに信順して法華経をシナ（中国）に弘め、比《ひ》

を相承《そうじょう》して法華宗を助けて日本に弘通す等云云。安州《あんしゅう》の日蓮は恐らく三師に相承し、法華宗を助けて末法に流通す。三に一を加え三国四師《さんごくしし》となづく。

叡山《えいざん》の私たちは天台大師の意志を承けて法華経を日本に弘通《ぐずう》する」とおっしゃった。安房国《あわのくに》に生を享《う》けた日蓮は釈尊・天台大師・伝教大師の御意志を承けて法華経を末法に弘める。三師に日蓮を加え、三国四師となづける。

日蓮聖人は、法華思想の正しい伝承者としてインド・シナ（中国）・日本の三国に釈尊・天台大師・伝教大師・日蓮の四人があるとし、これを三国四師と称せられた。これは、日蓮聖人自身が、釈尊・天台大師・伝教大師を継承する法華経の正統系譜としてみずからを位置づけられたもので、釈尊の御本懐《ごほんがい》を法華経に見た聖人の独自な法華経伝承の歴史認識である。

天台大師は、釈尊滅後像法時に出現し、五時八教をもって釈尊御一代の聖教《しょうぎょう》を秩序だて、法華経こそ釈尊の御本意を説きあらわされた最勝の教法であることを明らかにされた。

伝教大師は天台大師の法華仏教を相承して、日本に法華経の教えを宣布されたのである。

日蓮聖人は天台大師、伝教大師を継承し、純粋な法華経信仰を末法に弘通すべき任を負った行者としての自覚に立って、法華経の実践に生涯を捧げられたのである。

2　日蓮聖人の内面的思想の系譜

観心本尊抄

正しくは『如来滅後《にょらいめつご》五《ご》五百歳始《ごひゃくさいし》観心本尊抄《かんじんほんぞんしょう》』という。文永十年（一二七三）四月二十五日、佐《さ》渡《ど》一谷《いちのさわ》にて述作。聖寿五十二歳。聖人みずから「当身の大事」と称せられたごとく、日蓮聖人の思想信仰の根幹を示された教義書。末法の大法たる本門の題目・本門の本尊を明かし、本門の戒壇を密示するもので、法開顕の書として重視される。

原文

この本門の肝心《かんじん》南無妙法蓮華経の五字に於ては、仏猶文殊《なおもんじゅ》・薬王《やくおう》等にも之を付属《ふぞく》したまはず。何に況《いわん》や其の已下をや。但地涌《じゆ》千界《せんがい》を召して八品《はっぽん》を説いて之を付属したまふ。

現代語訳

この本門の肝心である南無妙法蓮華経の五字は、仏は文殊菩薩・薬王菩薩にさえも付属され（譲り与えられ）なかった。いわんや、それ以下の菩薩に付属されることはない。ただ地涌の菩薩を召し出されて、法華経涌出品第十五から属累品《ぞくるいほん》第二十二にいたる八品をお説きになって付属されたのである。

南無妙法蓮華経は久遠《くおん》釈尊が末代の衆生を救済するためにとどめられた大良薬である。法華経涌出品《ゆじゅっぽん》において、大地より涌出した地涌の大菩薩は、釈尊が久遠よりこのかた教化《きょうけ》し給うた本弟子である。したがって、釈尊は諸菩薩の大法付属の要請をとどめて、神力品第二十一において、この地涌の大菩薩に妙法五字七字を別して付属されたのである。

如来滅後の法華経弘通を法華経本門八品に見た日蓮聖人は、これを釈尊と地涌の大菩薩の「約束」と受けとめ、「かくの如き高貴の大菩薩、三仏に約足して之を受持す。末法の初に出でざるべきか」(『観心本尊抄』)と、地涌の大菩薩の末法出現の必然性を説かれたのである。

日蓮聖人は、法華経弘通の身に数々の大難を受けられたが、この法華経色読《しきどく》(身で読むこと)を媒介として、自己こそ法華経如説《にょせつ》の行者《ぎょうじゃ》であるとの確信をつよめられた。この確信は、末法に出現して衆生を救済すべく釈尊より付属された地涌の大菩薩としての自覚に繋《つな》がり、「久遠釈尊の命《めい》を受けた本化上行菩薩《ほんげじょうぎょうぼさつ》として妙法五字七字を宣布する日蓮」という認識を生むにいたったのである。

3　日蓮聖人から見た天台大師

観心本尊抄

原文

像法《ぞうぼう》の中末に観音・薬王、南岳・天台等と示現《じげん》し出現して、迹門を以て面《おもて》と為し、本門を裏《うら》と為して百界千如《せんにょ》一念三千其の義を尽せり。但理具を論じて事行《じぎょう》の南無妙法蓮華経の五字並びに本門の本尊いまだ広く之を行ぜず。所詮円機有って円時《えんじ》無き故なり。

現代語訳

像法時一千年間は観世音菩薩と薬王菩薩が南岳《なんがく》大師・天台大師となって出現し、法華経の迹門（法華経の前半十四品を迹門、後半十四品を本門という）を中心として百界千如一念三千の法門を説いて法華経の実義を明らかにされた。しかしながら、それらは理具（理性具）を論じたのみで、事行《じぎょう》（法華経本門の行法《ぎょうぼう》）の南無妙法蓮華経の五字ならびに本門の本尊についてはいまだ広く行ぜられていない。そのゆえは、像法時《ぞうぼうじ》は円教（仏の最高の教え）の機根《きこん》（法を受ける人々）があっても、法華経本門が弘まるべき時ではなかったからである。

天台大師（五三八―五九七）は像法時のなかごろシナ（中国）に出現し、五時八教を説いて釈尊の御本懐《ごほんがい》が法華経にあることを明示し、法華経の実践とその得果を一念三千（成仏《じょうぶつ》の法門）に論証した法華仏教の一大先駆者である。

日蓮聖人は、天台大師の法華仏教を迹門を中心とした理性《りしょう》的救済論（人間としての可能性の追究）と見られた。なぜなら、天台大師の出現された像法時は迹門の法華経によって人々を教益《きょうやく》し、日蓮出生の末法時は正しい教えに違背する悪逆の人々が充満する世であるため、本門の法華経によって人々を救済しなければならない時であるからである。これが、釈尊の、法華経弘通《ぐつう》の予定の歴史であり、したがって、天台大師は本門の法華経を知りながら内に鑑《かんが》みてあえて流布《るふ》されなかったのである。

4　日蓮聖人から見た伝教大師

報恩抄《ほうおんじょう》

建治二年（一二七六）七月二十一日、身延山にて述作。聖寿五十五歳。清澄寺の道善御房《どうぜんごぼう》が死去されたとの報を受けた日蓮聖人は、旧師の報恩廻《え》向《こう》のために本書をしたため、弟子の日向を安房へ遣わして墓前にたむけられた。真実の報恩を明かし、三国仏教の歴史を論じて末法における法華経流布の必然性を説き、三大秘法を明示し、聖人の法華経実践の功徳を恩師導善御房へ廻向されている。聖人の遺文中でも長篇の部類に入る著作で、『立正安国論』『開目抄』『観心本尊抄』

『撰時抄』とともに五大部の一に数えられる。

原文

日本国には伝教大師が仏滅後一千八百年にあたりていでさせ給ひ、天台の御釈を見て欽明《きんめい》より已来《いらい》二百六十余年が間の六宗《ろくしゅう》をせめ給ひしかば、在世の外《げ》道《どう》・漢土の道士《どうし》、日本に出現せりと謗《ほう》ぜし上、仏滅後一千八百年が間、月氏《がっし》・漢土・日本になかりし円頓《えんどん》の大戒を立てんというのみならず、西国の観音寺の戒壇・東国下野《しもつけ》の小野寺の戒壇・中国大和国東大寺の戒壇は、同じく小乗臭糞《しゅうふん》の戒なり、瓦石《がしゃく》のごとし、其れを持つ法師等は野《や》干猿猴《かんえんこう》等のごとしと

現代語訳

日本国では伝教大師が仏滅後一千八百年にあたって世に出現され、天台大師の注釈書を御覧になり、欽明《きんめい》帝に仏教が伝来してより二百六十余年の間に興立した奈良仏教の六宗を破折されたので、六宗の学者は「仏御在世の外道や漢土（中国）の道士が日本に出現したようだ」と伝教大師を誹謗《ひぼう》した。しかも伝教大師は、仏の入滅後一千八百年間に、月氏（インド）・漢土（中国）・日本にいまだ無かった円頓の大戒（法華経の戒）を立てようとされたのみならず、従来、日本にあった西国筑前の観世音寺、東国下野《しもつけ》の薬師寺、中国大和《やまと》の東大寺の戒壇を、「いずれも小乗臭糞の戒で瓦石に等しく、それらの戒を持つ法師

ありし。　一は狐・猿と同じだ」と責められた。

伝教大師（七六七—八二二）は、鑑真《がんじん》が将来した天台大師の著述を読んで、法華仏教を志し、延暦二十三年（八〇四）に入唐《にっとう》し、円・密・禅・戒の四宗を相承し、比叡山に止観業《しかんごう》（法華経修行コース）と遮那業《しゃなごう》（密教修行コース）をもうけ、天台法華宗を開いた。伝教大師の法華仏教の興隆には南都六宗との拮抗《きっこう》があったが、桓武天皇の外護《げご》もあって、日本ではじめて法華一乗《いちじょう》の宗派が建立されたのである。伝教大師の法華経弘通には、南都六宗との拮抗のほかに、法相宗徳一《とくいつ》との権実《ごんじつ》論争、弘法大師空海との対立などがあり、とくに桓武天皇崩御（延暦二十五年、八〇六）の後は多難をきわめた。こうしたなかにあって、伝教大師は一乗真実の論証と大乗戒壇建立に精魂を傾けた。『守護国界章』『法華秀句』『顕戒論《けんかいろん》』『依憑《えひょう》天台集』など多くの著述をなすとともに、その生涯を一乗仏教の弘通に捧げ、没後七日目に戒壇建立の勅許を得たのである。

日蓮聖人は伝教大師を像法時の弘通と位置づけながらも、その行動を称讃し、伝教大師の行軌を範として法華経の実践に挺身されたのである。

5　本門の法華経

開目抄《かいもくしょう》

文永九年（一二七二）二月、佐渡塚原《つかはら》にて述作。聖寿五十一歳。文永八年九月十二日、鎌倉で捕縛された聖人は、翌十三日の未明、龍口《たつのくち》の刑場に引き出され、あやうく斬首《ざんしゅ》されるところであったが、からくも虎口を脱し、依智《えち》へ送られ、さらに越後の寺泊《てらどまり》を経由して、十月二十八日、佐渡へ到着された。弾圧は聖人のみならず門下檀越にも及び、これによって多くの者が退転していった。文永八年の法難は、日蓮聖人にとって、生涯最大の危機であったのである。そのような情況下にあって、龍口で死んだ日蓮が法華経に蘇生し、佐渡の地で「一期《いちご》の大事」をしるすとの決意を込めて著わされたのが本書である。したがって、本書は末法の法華経の行者としての聖人の強い自覚に裏づけられた重要な著述であり、古来より、『観心本尊抄』の法開顕に対し、人開顕《にんかいけん》の書として重視されている。

原文

迹門方便品は一念三千《いちねんさんぜん》・二乗作仏《にじようさぶつ》を説いて爾前《にぜん》二種の失《とが》一つを脱たり。しかりといえども いまだ発迹顕本《ほっしゃくけんぽん》せざれば、まことの一念三千もあらはれず、

現代語訳

法華経迹門の方便品は、一念三千・二乗作仏（声《しょう》聞乗《もんじょう》・縁覚乗《えんがくじょう》の成仏）を説いて爾前経《にぜんぎょう》（法華経以前の諸経）の二種の欠点のうちの一つを免れたが、いまだ発迹顕本（迹門を発し本門を顕わす）がないの

二乗作仏も定まらず。水中の月を見るがごとし。根なし草の波上《はじよう》に浮べるにたり。本門にいたりて、始成正覚《しじようしようがく》をやぶれば、四教の果をやぶる。四教の果をやぶれば、四教の因やぶれぬ。爾《に》前《ぜん》迹門の十界の因果を打やぶて、本門十界の因果をとき顕はす。此即ち本因本果の法門なり。九界も無始の仏界に具し、仏界も無始の九界に備りて、真の十界互具・百界千如・一念三千なるべし。

で、真実の一念三千も現われず、二乗作仏も定まらない。水面の月影を見るようであったり、根無し草が波の上に浮いているようなものである。法華経本門にいたって、始成正覚（歴史上の釈尊のさとり）の仏が開顕されて久遠実成の仏が顕わされると、爾前四教（蔵教・通教・別教・円教）の仏の果が開顕される。四教の仏の果が開顕されると四教の仏の因も開顕される。本門の発迹顕本によって爾前・迹門の十界の因果が開顕されて本門十界の因果が説き顕わされる。これがすなわち本因本果《ほんいんほんが》（本門の仏の因果）の法門である。本門十界の因果が顕発《けんぽつ》されると、九界も無始の仏界に具わり、仏界も無始の九界に備わって、真の十界互具（十界が互いに十界を具す）・百界千如（十界に十界が具して百界、百界に十如が具して千如）・一念三千が成立するのである。

法華経の迹門《しゃくもん》は、仏のさとりの世界（一仏乗《いちぶつじょう》）を説き示して在世の人々（仏弟子たち）を法華経の世界に導き入れる教えである。これに対し、本門《ほんもん》は、仏滅後の人々を救うために説かれたもので、仏の常住《じょうじゅう》が重要なテーマとなっている。仏の常住とは仏の永遠の生命《いのち》をいう。インドに出現し、菩提樹《ぼだいじゅ》下でさとりを開いた仏は垂迹《すいじゃく》の仏であり、その背景には永遠の生命をもった本地《ほんじ》の仏がましまし、人々を救うのである。このような本地の仏を説き示すことが本門の要旨で、これを開近顕遠《かいごんけんのん》という。肉体をもった有限の仏の成道《じょうどう》（近成《ごんじょう》＝始成正覚《しじょうしょうがく》）を開して、無限の生命をもった久遠の仏の成道（遠成《おんじょう》）を顕わすのである。すなわち、近成とは歴史上の仏の成道（さとりを開くこと）、遠成とは本地の仏（本門の仏）の成道をいい、法華経の本門は歴史上の仏を通して本門の仏（久遠の仏）を説き示すのである。本門の仏は永遠の生命を有するゆえに、三世（過去世・現在世・未来世）にわたって常に世に住して人々を救われる。このような本門の開顕《かいけん》を発《ほっ》迹顕本《しゃくけんぽん》、または開迹顕本《かいしゃくけんぽん》ともいい、この本門の世界において、はじめてすべての教え、すべての仏が法華経に能統一されるのである。この本門の世界に立脚して仏教全体を見たのが日蓮聖人の宗教である。

6　末法の救い

法華取要抄

文永十一年（一二七四）五月二十四日、甲斐国波木井《はきい》にて述作。聖寿五十三歳。佐渡在島中に起草され、波木井にて脱稿されたものと思われる。法華経の要法《ようぼう》（妙法五字）は末法の衆生を利《り》益《やく》するために釈尊がとどめられた教法であるゆえに、上行《じょうぎょう》等の菩薩が出現して一天四海《いってんしかい》に妙法蓮華経を広宣流布《こうせんるふ》することの疑い無きことを明かす。

原文

問て云く、法華経は誰人の為に之を説くや。答て曰く、方便品《ほうべんぽん》より人記品《にんきほん》に至るまでの八品《はっぽん》に二意有り。上より下に向って次第に之を読めば第一は菩薩、第二は二乗、第三は凡夫なり。安《あん》楽行《らくぎょう》より勧持《かんじ》・提婆《だいば》・宝塔・法師《ほっし》と逆次に之を読めば滅後の衆生を以て本と

現代語訳

問うて言うには「法華経は誰のために説かれたのであろうか」。答えて言うには「方便品第二から受学無学人記品第九にいたるまでの迹門正宗分《しょうしゅうぶん》八品に二つの意味がある。上から下に向かって順次に読むと第一に菩薩、第二に二乗、第三に凡夫のために説かれたものである。安楽行品《あんらくぎょうほん》第十四から勧持品《かんじほん》第十三・提婆品《だいばほん》第十二・法師品《ほっしほん》第十と逆次に読めば仏滅

為す。在世の衆生は傍なり。滅後を以て之を論ずれば正法《しょうぼう》一千年・像法《ぞうぼう》一千年は傍なり。末法を以て正《しょう》と為す。

後の人々を正意《しょうい》とし、在世の人々は傍意《ぼうい》である。仏滅後の立場において論ずるならば、正法時一千年・像法時一千年は傍であり、末法をもって正とする」。

釈尊は滅後末法の衆生にことのほか心をかけられた。そのような釈尊のお心の内は法華経を逆次に読むことによって領解することができる。「逆次《ぎゃくじ》に読む」とは流通分《るつうぶん》の心をもって法華経全体を拝することを意味し、釈尊が末法《まっぽう》の人々を救おうとされる本旨を窺《うかが》うことである。末法時は濁悪《じょくあく》の世であるため正しい教えに違背する悪逆の人々が充満し、白法《びゃくほう》が隠没《おんもつ》する悲惨な時代である。釈尊は末法の大重病者を救うために妙法五字七字の大良薬をとどめられた。この妙法五字七字こそ末法を釈尊の慈愛に満ちた輝かしい時代に蘇生せしめる大白法なのである。このように、末法こそ妙法五字七字によって救われるべき釈尊の慈愛に包まれた時代であるゆえに、これを末《まっ》法為正《ぼういしょう》という。

7　唯一絶対の信

四信五品鈔《ししんごほんしょう》

建治三年（一二七七）四月十日、身延山にて述作。聖寿五十六歳。日蓮聖人の大檀越《だいだんのつ》富《と》木常忍《きじょうにん》

の『不審状《ふしんじょう》』（建治三年三月二十三日）に対する返書《へんしょ》と考えられている。富木常忍は日常の生活に則した法華経修行の疑問を、日昭を仲介として日蓮聖人にたずねた。聖人は法華経分別功徳品《ふんべつくどくほん》第十七の四信《ししん》五品《ごほん》を末法為正の立場から解説し、末法の衆生は一念信解《しんげ》・初随喜《しょずいき》の名字即《みょうじそく》位（仏の教えに触れて信ずる初心の位）であり、信をもって慧に代《か》え、ただ信をもってのみ証果を得ることができると教示されたのである。

原文

所謂《いわゆる》五品の初二三品には仏正しく戒定《かいじょう》の二法を制止して一向に慧の一分に限る。慧又堪へざれば信を以て慧に代ふ。信の一字を詮《せん》と為す。不信は一闡《いっせん》提《だい》謗法の因、信は慧の因、名字即《みょうじそく》の位なり。

現代語訳

いわゆる滅後《めつご》五品《ごほん》のうち、初品（随喜）・第二品（読誦）・第三品（説法）の位の者には、仏は戒律と禅定《ぜんじょう》の二学を制止して、一向に智慧だけに限られている。しかし、その智慧も及ばない者は信をもって智慧に代えるのである。仏道に入るには信の一字がもっとも大切であり、不信は一闡提《せんだい》（断善根＝成仏できない人）に堕《だ》す謗法《ほうぼう》である。信は智慧の因であり、これを六即《ろくそく》に配せば名字即の位にあたる。

法華経分別功徳品第十七の後半本門流通分《るつうぶん》では、左記のとおり、初心の行者の行因の功徳を校量《きようりよう》（照合比較）する位として現在の四信と滅後の五品を説いている。

〈四信〉		〈五品〉	
初信	一念信解	初品	随喜
二信	略解言趣	二品	読誦
三信	広為他説	三品	説法
四信	深信観成	四品	兼行六度
		五品	正行六度

仏在世（四信）　仏滅後（五品）

四信《ししん》は仏在世の凡位《ぼんい》の行者の位、五品《ごほん》は仏滅後の凡位の行者の位をいう。一念信解《しんげ》は仏寿の長《じよう》遠《おん》を聞いて一念信を起こす功徳、略解言趣《りやくげごんしゆ》は仏寿長遠の道理を理解する功徳、広為《こうい》他説は法華経を聞き持ち、書写・供養し、他の人々にもさせる功徳、深信観成《じんしんかんじよう》は仏寿長遠を聞いて深心信解する功徳をいい、初随喜《しよずいき》は法華経を聞いて随喜の心を起こす功徳、読誦《どくじゆ》はさらに経を読誦する功徳、説法はさらに説法を行う功徳、兼行六度《けんぎようろくど》はさらに六波羅蜜を行ずる功徳、正行六度《しようぎようろくど》は六波羅《ろくはら》蜜《みつ》に専心し、等正覚《とうしようがく》に近づく功徳をいう。

天台大師は法華経修行者の位階としてさらに理即《りそく》・名字即・観行即《かんぎようそく》・相似即《そうじそく》・分真即《ぶんしんそく》・究竟即《くきようそく》の六即を立てた。

日蓮聖人は、滅後末法の衆生は「幼稚《ようち》」であるために智慧によってさとることはできないとし、ただ信によってのみ仏道に入ると考えられた。これが「以信代慧《いしんたいえ》」の法門で、末法の衆生は信をもって慧に代え、名字即の位に入るとされた。これを四信五品に配すると一念信解・初随喜にあたる。

日蓮聖人は末法の衆生を劣悪逆機《れつあくぎゃっき》と認識し、その劣悪の衆生が釈尊の大慈大悲の光明に包まれるのはただ衆生の信によるとして、徹底的に信の重要性を強調された。末法の救済は信の有無《うむ》にあるゆえに、これを「以信得入《いしんとくにゅう》」（信をもってのみ入ることを得《う》）という。

8　起顕竟《きけんきょう》の法門

新尼御前御返事《にいのあまごぜん》

文永十二年（一二七五）二月十六日、身延山にて述作。聖寿五十四歳。領家《りょうけ》の新尼《にいあま》と大尼《おおあま》より身延の聖人のもとへ供養の品が届けられ、本尊を乞うたのに対する返書。聖人は供養の志を謝し、本門本尊の由来と尊敬すべき旨を説いて、大尼の信仰の遍歴を諭《さと》し、新尼へは本尊を授与するが、大尼へは授与できないと教示されている。

原文

法華経の中にも迹門《しゃくもん》はせすぎて、宝塔品より事《こと》をこりて寿量品に説き顕わし、神力品属累に事極りて候ひし。

現代語訳

法華経のなかでも迹門のはじめには説かれないで、宝塔品第十一にいたってはじめて事が起こり、寿量品第十六において説き顕《あら》わし、神力品第二十一・属累品第二十二の付属の儀において事がきわまったのである。

日蓮聖人は法華経二十八品のなかでも、法師品第十から属累品第二十二までの、虚空会《こくうえ》を中心とする諸品《しょほん》に滅後の大事の法門を信受された。なかでも、法師品・宝塔品に起、涌出品・寿量品に顕《けん》、神力品・属累品に竟《きょう》を論じて、釈尊の大法の顕説《けんぜつ》と本事の顕発《けんぽつ》（釈尊が久遠の仏であることを説き明かすこと）、ならびに滅後の付属を明かされたのである。これを起《き》顕竟《けんきょう》の法門《ほうもん》という。

起《き》─┬─法師品
　　　└─宝塔品

顕《けん》─┬─涌出品
　　　└─寿量品

竟《きょう》┬神力品
　　└属累品

法師品は迹門流通分《るつうぶん》の初で、仏滅後における法華経受持が奨励される。宝塔品は虚空会上《こくうえじょう》の釈尊が三箇《さんか》の勅宣《ちょくせん》を発して滅後の弘経《ぐきょう》を要請されるのである。ここに滅後付属の大事が顕説《けんぜつ》されるゆえに、聖人はこの両品に「本門」（観心本門《かんじんほんもん》）の「起《き》」を見られたのである。

涌出品は本化地涌の菩薩の涌出である。この菩薩が釈尊久遠教化の弟子であるとの顕説は大衆の疑問を深め、寿量品の釈尊久寿《くじゅ》の顕発となるのである。ここにおいて師弟の久遠と衆生利益《しゅじょうりやく》の大法（妙法五字七字）が良医《ろうい》の譬《たとえ》をもってあらわされたゆえに、聖人はこの両品を「顕《けん》」と見られたのである。

神力品は、地涌の大菩薩の発誓《ほっせい》を受けて如来が十神力を現じ、いよいよ滅後の弘通を地涌の大菩薩に結要付属（法華経の要法を付属すること）されるのである。属累品はさらに無量の菩薩摩《ま》訶薩《かさつ》に対して、総付属《そうふぞく》（すべての菩薩に対し総じて付属すること）され、虚空会《こくうえ》が終る。仏滅後の法華経付属がここに説き示されたゆえに、聖人はこの両品を「竟」と見られたのである。

こうして、如来の滅後においては、釈尊の意を帯した地涌の大菩薩が、妙法五字七字の大良薬《だいろうやく》をもって人々を導利《どうり》するという、法華経救済の歴史が約束されたのである。したがって、末法の世においては、地涌の大菩薩の出現は法華経の歴史に予定された必然であるゆえに、聖人は地涌の出現と妙法五字七字の流布を確信するとともに、みずから、仏使《ぶっし》上行菩薩としての自覚のもとに、身命を捧げて法華経弘通に邁進《まいしん》されたのである。

9　五義の教え

教機時国鈔

弘長二年（一二六二）二月十日、伊豆国伊東にて述作。聖寿四十一歳。日蓮聖人は弘長元年（一二六一）鎌倉で捕えられ、五月十二日、伊豆へ流罪の身となった。法華経のゆえに難にあうという宗教体験のなかで、法華経に説き入れられた行者《ぎょうじゃ》としての自覚に燃えた日蓮聖人は、衆生救済の教法、救済されるべき機根、教法の弘まるべき時、教法の弘まるべき国、教法流布の先後の、いわゆる五義について詳細に論述されたのである。五義を説きあらわされたのは本書が初出で、以下、『顕謗法鈔《けんほうぼうしょう》』『南条兵衛七郎殿御書《なんじょうひょうえしちろうどのごしょ》』『観心本尊抄』『曽谷入道殿許御書《そやにゅうどうどのがりごしょ》』などに、論述がくりかえされる。五義は聖人の主体的法華経実践のなかで樹立された聖人の独自な教義である。

原文

一に教とは、釈迦如来所説の一切《いっさい》の経《きょう》律論《りつろん》五千四十八巻四百八十帙《ちつ》。（略）二に機とは、仏教を弘る人は必ず機根を知るべし。（略）三に時とは、仏教を弘めん人は必ず時を知るべし。（略）四に国とは、仏教は必ず国に依って之を弘むべし。（略）五に教法流布の先後とは、いまだ仏法渡らざる国にはいまだ仏法を聴かざる者あり。既に仏法渡れる国には仏法を信ずる者あり。必ず先に弘まる法を知って後の法を弘むべし。

現代語訳

一に教とは、釈尊が説かれたすべての経《きょう》（仏の教法）・律《りつ》（仏弟子の生活規範）・論《ろん》（仏弟子の祖述）、すなわち五千四十八巻四百八十帙にわたるすべての教えをいう。（略）二に機とは、衆生をいい、仏教を弘めんとする者は必ず法を受ける人々について知らねばならない。（略）三に時とは、仏法が流布すべき時をいい、仏法を弘めんとする者は必ず流布の時を知らねばならない。（略）四に国とは、仏法が流布すべき有縁《うえん》の国をいい、仏教を弘める者は必ず弘むべき国を弁《わきま》えねばならない。（略）五に教法流布の先後《せんご》とは、仏法を弘める者は教法流布の先と後を弁えねばならない。いまだ仏法の伝わっていない国では仏法を聴聞したことの無い者がいる。すでに仏法が伝わっている国には仏教を信仰している者もいる。したがって、先に弘まった法を知った上で後の法を弘めねばならない。

五義は日蓮聖人の教義の根幹となる五つの柱である。すなわち、五義とは釈尊より付属を受けた本化地涌の大菩薩が、釈尊御本懐の大法たる妙法五字七字をもって、末法濁世《じょくせ》の人々を救うことの必然を、釈尊みずからが法華経に説き示された末法救済の法門である。日蓮聖人はこの五義の法門を配流の地、伊豆国で顕発され、さらに法華経色読《しきどく》という宗教体験を重ねられるに及び、教・機・時・国・序から教・機・時・国・師と、より一層その主体性を明示されるにいたるのである。「師」の表明は、佐渡期に執筆された『開目抄』『観心本尊抄』のきわめて論理的かつ主体的な論述中に如実にうかがうことができるが、それが「五義」の法門の位置づけの中で一層明瞭な姿をとるのは、身延山中で著わされた『曽谷入道殿許御書』である。

五義の大綱はほぼ次のとおりである。

教―妙法五字（末法の法華経）

機―謗法逆機《ほうぼうぎゃっき》（末代幼稚）

時―末法初（如来滅後濁世）

国―日本国（法華経有縁《うえん》の国）

師―地涌の大菩薩（本化《ほんげ》の大士）

教は釈尊御一代の教法である。その釈尊の教法が末代の衆生利益の良薬《ろうやく》として価値的にとどめられたゆえに、これを妙法五字という。妙法五字は釈尊の教えとして客観的価値として措定《そてい》されるが、それは行者の五字受持（七字）という主体的行為を内包した存在であるゆえに、七字の信においては主体的価値として受領される。信によって受領された五字は行者に自然《じねん》譲与された絶対的価値である。五字は七字であり七字は五字であるゆえにこれを妙法五字七字という。教は単に諸経との優劣の上に選択された教法ではなく、客観的でありつつ主体的であるという二而不二《ににふに》（二でありつつ二ではない）の意味をもっている。このように、観心《かんじん》（法華経の信心とその実践）に即した教、教に即した観心を妙法五字七字で表現するゆえに、教は単なる教相判釈《きょうそうはんじゃく》の範囲で解されるものではない。

機は教を受ける人々をいう。法華経がみずからの活現の時を末法悪世と指定しているごとく、法華経によって救済されるべき必然性をもった末法の機とは一向に謗法の者である。謗法とは単に仏法を破すことではなく仏の正法である法華経を誹謗《ひぼう》することをいう。

末法の機は本未有善《ほんみうぜん》（過去に法華経に縁をもたなかった者）あるいは過去下種（久遠の過去に

仏となる種を衆生の心中にまくこと）の忘失《もうしつ》・退転者であるため、題目の下種を受くべき人々であり、たとえ謗法者であっても逆縁の形で法華経の下種を受け、やがて成仏の証果を得ることができるのである。

時は法華経が流布すべき必然の時である。日蓮聖人は、大集経《だいしつきょう》の五箇《ごか》の五百歳説、『末法燈明記《まつぽうとうみようき》』の仏滅年次表記等にもとづいて、当世を如来滅後二千年を過ぎた末法のはじめに相当し、この末法こそ釈尊が予見せられた法華経流布必然の時であると見られたのである。したがって、末法当世は、如来《にょらい》の在世《ざいせ》に三仏と約束をした地涌の大菩薩が、妙法五字七字をもって人々を導利するために出現すべき必然性に満ちた時であったのである。この時の認識こそ、日蓮聖人の宗教の最も重要な点である。末法時の衆生を利益せんがため釈尊がくだされた教法は、末法時なるがゆえに「色香美味《しきこうみみ》」「擣簁和合《とうしわごう》（多くの薬のなかからよりすぐって調合すること）」の大良薬なのである。

国は教法流布の国土をいう。多くの先師の釈が示すとおり、法華経有縁の国として指定された東北の小国日本国は、法華経流布の歴史のなかに重大な意味を込めて位置づけされたのである。謗法充満の日本国が、法華経流布必然の国土であるのは、月氏《がっし》（インド）の仏法が東方に向かって流布されたように、破邪顕正《はじゃけんしょう》の法華経実践によって建立された法華一乗の仏法を、日の昇るがごとく西方月氏国《がっしこく》（インド）へ流布せしめ、閻浮《えんぶ》全体を題目五字の信仰に同帰せしめる任を担う国であるからである。

師は、末法悪世に妙法五字七字を流布すべく釈尊より遣わされた仏使本化上行等の地涌の大菩薩である。地涌の大菩薩は法華経涌出品に出現し、神力品において滅後の弘経《ぐきょう》を誓い、釈尊より別付属《べつぷぞく》を受けた末法の大導師である。

日蓮聖人は法華経弘通の受難体験を経《へ》るなかで、仏使としての自覚を確立し、不惜身命《ふしゃくしんみょう》の生涯を送られた。伊豆配流中の著作にみられた序（教法流布の先後）の客観的要素は、師の表明において払拭され、末法に出現すべき本化地涌を自身に擬《なぞら》えることによって、聖人は、釈尊未来記の真実を証す末法の行者日蓮としての法華経における自己の位置づけを諸遺文に表白されたのである。

10　一念三千の法門

開目抄《かいもくしょう》

原文

一念三千の法門は但《ただ》法華経の本門寿量

現代語訳

一念三千の法門は、ただ法華経の本門寿量品の文品の文の底にしづめたり。龍樹《りゅうじゅ》・天親《てんじん》知て、しかもいまだひろいいださず。但我が天台智者のみこれをいだけり。一念三千は十界互具よりことはじまれり。

の底にしずめられている。龍樹菩薩・天親菩薩は知りながら拾い出して弘めることなく、ただわが天台智者大師のみがこれを抱かれた。一念三千の法門は十界互具を根本とする。

一念三千は天台大師が法華経方便品の十如実相《じゅうにょじっそう》（十如とは如是相《にょぜそう》・如是性《しょう》・如是体《たい》・如是力《りき》・如是作《さ》・如是因《いん》・如是縁《えん》・如是果《か》・如是報《ほう》・如是本末究竟等《ほんまつくきょうとう》をいい、存在そのものは、そのままで不変的真理であるとする教え）を基盤に創説した観心の法門である。天台大師は『摩訶止観《まかしかん》』第五正観章《しょうかんしょう》に、「夫れ一心に十法界《じゅっぽうかい》を具す。一法界に又十法界を具すれば百法界なり。一界に三十種の世間を具すれば百法界は即ち三千種の世間を具す。この三千、一念心に在り。若《も》し心無くんばやみなん。介爾《けに》（少し）も心有らば即ち三千を具す」と、華厳経の十界、法華経の十如是、大智度論の三世間を相乗して、一念心に三千世間が具すことを論じた。

日蓮聖人は天台大師の一念三千を法華経の肝心と受けとめ、成仏の達成や本尊奠定《てんてい》（本尊を定めまつること）の義となる根本原理であるとされた。しかしながら、天台大師の一念三千は迹門に立脚するゆえに像法時の理の法門であると見なし、末法当世においては本門の一念三千（事《じ》の一念三千）こそ衆生成仏の根本道法であるとされた。本門の一念三千は本門寿量品の文底に沈められた秘要の法門であり、末法の謗法者を利益する大法である。正法・像法時に出現した法華仏教史上の論師《ろんじ》・人師《にんし》はこのことを知りながらも、時期至らざるゆえに内に鑑みてこれを弘めず、末法に譲られたのである。

本門の一念三千は発迹顕本に立脚するゆえに果上顕現《かじょうけんげん》の一念三千（久遠釈尊の一念三千）である。釈尊の実事《じつじ》としての一念三千であるところから、これを事の一念三千という。事の一念三千は釈尊世界の顕現であるから、「九界即仏界・仏界即九界」（『撰時抄』）の義が成就し、真の十界互具の世界が実現するのである。真の十界互具の実現は一念三千の成仏の達成を意味し、そこに一切衆生の得果と仏国土の実現が達成するのである。

日蓮聖人は、一念三千を成仏の原理論であるとともに法華経のみが所有する仏の種であり、かつまた法華経の実践そのものであると受けとめられた。『観心本尊抄』には「一念三千の仏種《ぶっしゅ》」と表現し、題目五字の受持に仏種の受領を論じ、『撰時抄』には法華経の実践をもって「一念三千の法門」と表現されている。このように、日蓮聖人は、天台大師が法華経迹門の教説から創説された一念三千を、法華経本門文底《もんてい》に沈められた釈尊の一念三千として信受し、この本門事の一念三千に成仏の原理・成仏の正因《しょういん》・法華経の実践を論じて、末法救済の大法を信心受領されたのである。

11　三大祕法

報恩抄《ほうおんじょう》

原文

一には日本乃至一閻浮《いちえんぶ》提《だい》一同に本門の教主釈尊を本尊とすべし。所謂《いわゆる》宝塔の内《うち》の釈迦・多宝、外《そと》の諸仏、並びに上行等の四菩薩脇士《きょうじ》となるべし。二には本門の戒壇。三には日本乃至漢土月氏一閻浮提人ごとに有智無智をきらはず、一同に他事《たじ》をすてて南無妙法蓮華経と唱ッべし。

現代語訳

一には日本および一閻浮提一同に本門の教主釈尊を本尊としなければならない(本門の本尊)。いわゆる、宝塔の内《うち》の釈迦牟尼仏、多宝仏、外《そと》の諸仏、並びに上行等の四菩薩はその脇士となるのである。二には本門の戒壇。三には日本およびシナ(中国)・インドをはじめ一閻浮提において、すべての人々が智慧の有無にかかわらず、一同に他事を捨てて南無妙法蓮華経と唱えねばならない。

三大祕法とは日蓮聖人の宗教の最も中心をなすもので、本門の本尊・本門の題目・本門の戒壇をいう。本門の本尊は信仰の対象、本門の題目は信仰の主体であり、両者が一体不二として感応《かんのう》道交《どうきょう》する境地に本門の戒壇がある。

日蓮聖人は建長五年（一二五三）の純粋法華経信仰の告白（立教開宗）以来、南無妙法蓮華経と唱えることこそが末法救済の唯一の道であるとし、専唱題目（専ら題目を唱うこと）の勧奨（人々に勧め奨励すること）と実践に挺身された。聖人は諸遺文《いぶん》に本門の本尊・本門の題目・本門の戒壇についてくりかえし言及し、妙法五字七字の信心に生きることの必要性を説かれている。なかでも、文永九年（一二七二）の『開目抄』には本門の本尊・本門の題目を、翌十年の『観心本尊抄』には本門の題目・本門の本尊および本門の戒壇を密示され、文永十一年（一二七四）の『法華行者値難事《ちなんじ》』と『法華取要抄』には、「本門の三法門」と表記して、三大秘法を表示されている。前掲の『報恩抄』の一文はこれらの遺文に続いて、正像未弘の三大秘法を明示されたものである。

本門の本尊とは法身《ほっしん》（無始無終の理法身・不滅真理身）報身《ほうじん》（有始無終の因行果徳身・修因感《しゅいんかん》果身）応身《おうじん》（有始有終の応現身・応同衆生身）の三身即一の仏（無始無終の三身・久成《くじょう》の三身）である。『開目抄』ではこれを「発迹《ほっしゃく》顕本の仏」「久《く》遠実成《おんじつじょう》の仏」等と表現されている。すなわち、久《く》遠実成《おんじつじょう》実修実証の本師釈迦牟尼仏をもって本門の本尊とするのである。

なお、聖人は文永十年の『観心本尊抄』に本尊の体相《たいそう》を示され、その説示にのっとり、同年七月八日に十界勧請《かんじょう》の大曼荼羅を図顕されている。諸遺文の説示にしたがえば、本尊の形態に首題本尊・釈迦一尊・大曼荼羅・一尊四士・二尊四士が挙げられるが、これらは、久遠実成本師釈迦牟尼仏、および釈迦牟尼仏の本因本果である妙法五字七字に集約され、法仏不二の道理から本尊の法体《ほったい》においては一であると考えられる。

本門の題目とは釈尊の因行果徳具足の南無妙法蓮華経をいう。釈尊は末法の衆生を教益するために妙法五字七字の大良薬《だいろうやく》をとどめられたのである。

末法の大法——妙法五字七字——大良薬

末法の衆生——大謗法——大重病

法華経如来寿量品第十六には良医の譬え（良薬病子譬・良医治子譬）をもって如来の衆生利益の慈悲行をあらわしている。父の良医が遠い地方へ赴いている間に毒薬を飲んだ子供たちは苦しんで地に転げまわった。帰宅した父はわが子のために色香美味《しきこうみみ》の良薬を求めて、子に与えるのである。心を失わなかった子はこれを服して治癒するが、毒気が深く、本心を失った子供は心顛倒《てんどう》して父の与える良薬を飲もうとしない。そこで父は「この好き良薬を今とどめてここに在《お》く。汝取って服すべし」と言い残し、方便を現じて他国に赴き、使者を遣《つか》わしてみずからの死を子供に告げるのである。顛倒の子供は自分たちが孤露《ころ》となったことを嘆き、悲しみの中にも目がさめて父の遺した良薬を取って服すると、たちまちに毒病が癒《い》え、死去したと思っていた父の良医も帰り来り、親子相まみえることができたのである。

父の良医は仏、子供は衆生（なかでも本心を失った子供たちは仏滅後の衆生）、良薬は妙法五字七字、使者は仏滅後の仏使（地涌の大菩薩）、父の死は仏の入涅槃《にゅうねはん》、良薬を取て服すことは五字受持（法華経の信、唱題）、父の帰宅は仏の常住、親子の対面は師弟の久遠（本時の浄土）を譬えたもので、ここに、仏滅後末法時の良薬たる妙法五字七字の大法、末法の唯一の行軌《ぎょうき》たる五字受持の信行《しんぎょう》、受持奨励の導師たる本化地涌の大菩薩、三世常住の教主釈尊、および師弟久遠の浄土の世界があらわされたのである。

本門の題目は「色香美味皆悉具足、擣篩《とうし》和合《わごう》」の良薬のごとく、如来の一切の功徳を円満具足した無上の要法であり、この題目受持に如来の一切の功徳が自然に譲与されるのである。

本門の戒壇とは、本門の本尊と信心渇仰《かつごう》の行者の感応道交《かんのうどうきょう》の境地であり、妙法五字受持の当処をいう。戒壇とは受戒の道場である。日蓮聖人は伝教大師の大乗円頓戒壇《えんどんかいだん》について多くの遺文で言及し、その功績を称讃されている。したがって、日蓮聖人もまた末法時の戒壇建立を念願されたことは明らかであるが、残念ながらその事相《じそう》についての教示が真蹟現存遺文には見られない。五字受持即戒壇、教団即戒壇、本門の題目広布のあかつきに建立すべき戒壇など諸説があり、これを理《り》壇《だん》、事壇に配して解釈しているが、理・事いずれも本門の戒壇として求められるべきものであり、それらの総合的見地からさらに聖意を聞信していく必要があろう。

第四章　日蓮聖人門下の発展

日持の海外伝道

日持《にちじ》（一二五〇—?）は日蓮聖人の高弟の一人で日本最初の海外伝道者としてもその名が高い。

日持は建長二年（一二五〇）、駿河国（静岡県）庵原郡《いはらぐん》松野の生まれで、松野六郎左衛門の子と伝えられている。幼名を松千代と称し、英才の誉高く、幼くして岩本実相寺二位律師厳誉のもとに投じて出家した。やがて比叡山に登り、天台教学を学んだが、密教の法義に疑問を抱き、実相寺に帰山した。たまたま近在の四十九院（天台宗）にいた日蓮聖人の弟子日興《にっこう》（白蓮阿闍梨《びゃくれんあじゃり》）の導きを受け、日蓮聖人の教えに関心を抱き、鎌倉に聖人をたずね、法門を聴聞したところ、たちまちに疑惑が氷解したという。ただちに日蓮聖人の門に帰し、日持《にちじ》（蓮華阿闍梨《れんげあじゃり》）と名を賜わった。文永七年（一二七〇）、日持二十一歳のときと伝える。

日持は日蓮聖人に給仕して法門を聴受し、法華経信仰を確立していった。弘安五年（一二八二）、日蓮聖人が病を癒すため身延を下山されるや、日持は聖人に随行して池上までいたり、心をつくして聖人の看護にあたった。十月八日、臨終の近きを知られた日蓮聖人は、本弟子六人を定めて後事を托されたが、日持はそのうちの一人に選ばれた。

日蓮聖人の御遺骨は遺言によって身延山に納められた。聖人の墓所の給仕は輪番制となり、日持は五月の当番と定められた。ところが、幕府の抑圧と不安定な社会情勢にさえぎられて、身延への登山が次第に困難となり、やがて、日興が身延に常住するようになった。日興は後に登山した日向《にこう》（佐渡阿闍梨・民部阿闍梨）を学頭に迎え、身延を護持していたが、身延山を聖人に寄進した南部《なんぶ》実長《さねなが》の信仰に関し、日向と意見の対立を生じ、正応元年（一二八八）、身延を下山した。

日持はこの係争から離れ、郷里の松野（静岡県）にあって蓮永寺《れんえいじ》を創し、さらに日蓮聖人像造立を発願して池上本門寺に奉納するなど、法華経信仰の勧進《かんじん》に邁進していた。

永仁二年（一二九四）、日持は日蓮聖人の第十三回忌を修するや、異国への法華経弘通を決意し、蓮永寺を弟子大夫房日教に托し、単身、駿河国を旅立った。永仁三年正月元旦のことと伝える。

日持は東北方面に歩を進め、奥州を経て蝦夷《えぞ》（北海道）へ渡った。現在でも、東北・北海道方面には、日持の化跡《けせき》が多く残されている。北海道を出帆した日持は、沿海州から満州吉林を経て、山海関（楡関）・永来へと進み、さらに蒙古におもむいて庫倫・和林にいたったと伝えられている。

日持の大陸渡航の化跡は明確ではないが、近年にいたり、慶應大学の前嶋信次教授によって宣《せん》化《か》の出土品が日持の遺物であるとの研究報告がなされ、注目されるようになった。宣化出土品の確定にはまだ若干の時間が必要とされるようであるが、これらの研究の進展によって、日持の忍《にん》難弘経《なんぐきょう》の足跡が一層明瞭になるであろう。

いずれにせよ、日持が大陸まで化跡を延ばしたことはほぼ確実と考えられ、日本人初の海外伝道者として、法華経信仰に支えられたその勇気と情熱は、日本の海外布教の歴史に長く語り継がれていくことであろう。

日蓮教団では日持が海外伝道に旅立った正月元旦をもって、日持の命日としている。

日興の身延離山

日興《にっこう》（一二四六—一三三三）は日蓮聖人の高弟で、聖人滅後、富士方面を中心に法華経を弘通し、後の富士門流形成の基礎を築いた。

日興は、寛元四年（一二四六）三月、甲斐国鰍沢《かじかざわ》の生まれで、大井《おおい》橘六《きちろく》の子と伝えられている。幼くして四十九院に投じて天台教学をはじめ、儒学・国学等を学んだ。たまたま『立正安国論』執筆のため、岩本実相寺の経蔵《きょうぞう》で一切経を研究していた日蓮聖人に出会い、聖人に感化されて弟子となった。十三歳のころと考えられている。このとき、日蓮聖人より伯耆房《ほうきぼう》と名を授けられ、後に日興（白蓮阿闍梨）と改めた。

日蓮聖人は文応元年（一二六〇）七月十六日、『立正安国論』を前執権《さきのしっけん》北条時頼（最明寺入道）に上呈した。これが引き金となって念仏衆徒の日蓮批判が暴発し、八月二十七日には松葉谷《まつばがやつ》の草庵が夜襲され、翌年の弘長元年（一二六一）五月に、日蓮聖人は伊豆国伊東へ配流《はいる》の身となった。日興は富士を中心に教線を張ったが、聖人のもとを訪れることも多く、鎌倉はもとより、伊豆配流の折も聖人をたずねて給仕につとめたという。

文永十一年（一二七四）五月、日蓮聖人が身延に入山されると、門下・檀越は聖人の教示を受けつつ有縁の地に布教し、教線を拡大した。日興は果敢な弘経活動を展開し、多くの寺々の寺僧《じそう》や地方の農民を教化し、勢力をのばした。ここにおいて、各寺院の長老たちとの軋轢《あつれき》が生じ、日蓮聖人の教えを奉ずる法華経信仰者に弾圧の手が加えられるにいたった。弘安二年（一二七九）九月、四十九院の院主代《いんずだい》平左近入道行智《へいのさこんにゅうどうぎょうち》は、神四郎《じんしろう》等二十名を捕え鎌倉に護送したのである。侍所《さむらいどころ》の所司平左衛門頼綱はこの内三名を拷問し、法華経信仰の退転を迫ったが、三名は題目を唱えて信仰を堅持し、頼綱によって斬首《ざんしゅ》された。残りの十七名は、日蓮聖人をはじめ、法華経信徒の赦免運動によってやがて解放された。これを熱原法難《あつわらほうなん》という。

弘安五年（一二八二）十月八日、日蓮聖人は池上宗仲《いけがみむねなか》の館での入滅を前に、六人の本弟子を定めて後事を託されたが、日興はこのうちの一人に指名を受けた。

日蓮聖人の御遺骨は身延に納められ、墓所の給仕が輪番制《りんばんせい》と定められた。しかし、身延の守塔輪番登山はやがて実行が困難となり、聖人の第三回忌を迎える弘安七年（一二八四）のころには墓所《ぼしょ》の荒廃が目立つようになった。日興は身延山に常住して聖人の墓所に給仕することを決意し、身延山を聖人に寄進した南部実長《なんぶさねなが》の了解を得た。日興が身延山に常住しはじめたのは弘安八年（一二八五）ごろのことと考えられている。ほどなく身延に登山した日向《にこう》（佐渡阿闍梨・民部阿闍梨）を学頭職にして門下・檀越の教育・教化をゆだね、日興は身延山の院主として久遠寺の護持につとめた。

日興は妥協を許さない剛直な性格で、信仰面でも厳粛な態度を崩さなかった。一方の日向は温和な性格で信仰面でも寛容な態度であったため、両師の門下・檀越教化の面に異なりを生じ、やがて両師の対立が表面化するようになった。

身延山の大檀越南部実長は、従来、日興の教化に浴していたが、しだいに日向に親しみ、教示を仰ぐようになった。なかでも、一体仏《いったいぶつ》の造立・三島《みしま》神社参詣・富士の塔供養（馬の布施）等の実長の行為に対し、日興は日蓮聖人の教えに背く謗法であると厳しく批判を加えたが、日向はこれを容認した。この対立によって、実長はついに日向を師とすることを日興に通告したため、日興は身延下山を決意し、正応元年（一二八八）十二月、弟子をともなって富士に移った。

日興は南条時光《なんじょうときみつ》の請を受けて大石《おおいし》が原に草庵（後の大石寺）を建て、さらに永仁六年（一二九八）には重須《おもす》に本門寺を創した。正慶二年（一三三三）二月七日、八十八歳で入寂するまでの三十有余年間、日興は重須に住して門弟の教育にあたった。この中から、後の富士門流を形成する有力な人材が輩出したのである。

日像の京都弘通

日像（一二六九―一三四二）は日蓮聖人の孫弟子にあたり、聖人の遺命を受けてはじめて京都へ日蓮聖人の教えを弘通した帝都（京都）開教の祖である。

日像は康永元年（一二六九）、下総国平賀《ひらが》の生まれで、幼名を万寿麻呂という。父は平賀忠晴、母は後年妙朗尼と称した。建治元年（一二七五）、七歳のとき、日蓮聖人の弟子日朗（大国阿闍梨《だいこくあじゃり》）の門に投じ、日朗にともなわれて身延の日蓮聖人に謁した。聖人は万寿麻呂の将来を嘱望《しょくぼう》し、本尊を授け、経一丸《きょういちまる》の名を与えられた。以来、日蓮聖人の膝下にあって訓育を受け、法華経の研鑽と信仰を深めていった。

日蓮聖人は入寂に臨み、経一丸を枕頭に招いて帝都弘通・宗義天奏《しゅうぎてんそう》（法門を天皇に上奏すること）を遺嘱された。聖人滅後、経一丸は日像《にちぞう》（肥後房）と名を改め、日朗に仕えて行学の研鑽につとめた。

永仁元年（一二九三）、二十五歳のとき、日蓮聖人の遺命を果すべく上洛を決意し、所願成就を祈って細字法華経を書し、さらに鎌倉由井ヶ浜にて十月二十六日より百カ日の荒行を修し、翌二年二月に満行《まんぎょう》した。帝都弘通成就の確信を得た日像は、日蓮聖人の遺跡をめぐり、北陸を経由して京都に歩を進めた。途中、能登の天平寺(真言宗)満蔵を論伏して日乗《にちじょう》となづけ、後の妙成寺《みょうじょうじ》の基をひらくなど、加賀・若狭・近江等に多くの化跡をのこし、四月十四日に京都に入った。

日像は京都の町の街頭に立って熱烈な弘経活動を展開し、柳酒屋仲興《やなぎざかやなかおき》・富商小野妙覚等の有力な商工業者層の帰信をみるにいたった。こうして、京都の町衆を中心にしだいに信徒が増大していくと、やがて他宗からの弾圧の手がのび、叡山をはじめとする諸宗の讒奏《ざんそう》にあって、徳治二年（一三〇七）五月二十日、院宣《いんぜん》を蒙《こうむ》り土佐幡多に流罪された。しかし、このときの流罪は名目のみで、日像は山崎に住していた。延慶二年（一三〇九）八月二十八日、赦免されたが、翌三年、再び院宣《いんぜん》を蒙り紀伊獅子が背に流罪された。応長元年（一三一一）三月七日、赦免されて住坊の綾小路《あやのこうじ》大宮に住し、この間、歓喜寺の実眼・鶏冠井《かいで》の実賢・極楽寺の良桂等を論伏して入信せしめるなど、なおも盛んな弘経活動を行った。元亨元年（一三二一）十月二十五日、三度目の京都追放となったが、その年の十一月八日に赦された。このように、日像の京都追放と赦免は各々三度にわたるゆえに、これを三黜三赦《さんちつさんしゃ》という。

日像は以上の通り、数々の迫害を被ったが、元亨元年（一三二一）には京都弘通の勅許を得、御溝《みかわぞの》の側、今小路《いまのこうじ》に地を賜わり、妙顕寺《みょうけんじ》を開いた。

さらに建武元年（一三三四）四月十四日、綸旨《りんじ》を賜わり、妙顕寺は教団最初の勅願寺となった。

妙顕寺は勅願寺たり、殊《こと》に一乗円頓《いちじょうえんどん》の宗旨を弘め、宜しく四海泰平の精祈《せいき》を凝《こら》すべし。ていれば、天の気《みけしき》かくのごとし。これをつくせ、以て状す。

日像は上洛してより四十年を経て、ついに一宗弘通の公許を得たのである。その後、妙顕寺は将軍家の祈禱を修すなど、勅願寺・祈願寺としての地位を占めるにいたった。

暦応四年（一三四一）、院宣《いんぜん》を蒙り、四条櫛笥《しじょうくしげ》西頬《にしつら》に寺地を賜わり、今小路より妙顕寺を移した。日蓮教団の諸門流は次々に上洛して教線の伸張をはかったが、妙顕寺はそれらを統括する地位を与えられ、京都日蓮教団の中心的役割を担って行った。

日像は暦応四年七月、禁制条々六ケ条の置文《おきぶみ》を定め、翌永元元年（一三四二）十一月、妙顕寺を弟子の大覚（妙実、？—一三六四）に譲り、十一月十三日、七十四歳にして入寂した。

大覚は延文三年（一三五八）、祈雨《きう》の効験《こうげん》により、日蓮聖人に大菩薩号、日朗・日像に菩薩号を賜わり、みずからは大僧正に任ぜられた。これより日像を日像菩薩と称する。

日像の門家は、四条櫛笥西頬の妙顕寺を中心に教線を拡張し、大いに栄えたので、その地名をとって四条《しじょう》門流と称する。

日親《にっしん》（一四〇七―一四八八）は数々の過酷な法難に堪え、最後まで信仰をつらぬきとおしたところから、気丈な法華経信仰者の典型として尊崇され、「なべかむり日親」の呼称で知られる。

日親の法難

日親（久遠成院《くおんじょういん》）は応永十四年（一四〇七）、上総国埴谷《はにや》の生まれで、幼名を寅菊丸《とらぎくまる》という。千葉氏の一族である埴谷《はにや》左近将監《さこんしょうかん》の養子となり、兄の千代寿龍《ちよずる》丸《まる》とともに、妙宣寺日英の門に投じ、日英没後、中山法華経寺の日暹《にっせん》に、日暹没後、日薩《にっさつ》に師事した。日親と名を改めたのはこのころと考えられている。

応永三十四年（一四二七）、日親は為政者教化を志し、京都に向けて旅立ち、伝道活動を開始した。その後しばらくして鎌倉にいたり、日英ゆかりの妙隆寺を中心に果敢な布教を行った。京都と鎌倉を中心に教線を伸張していった日親の実力は、教団の中でも特出し、人々の注目するところとなった。

永享五年（一四三三）、日親は将来を嘱望される中山門流の若き精鋭として、九州総導師《そうどうし》職《しき》に選ばれ、肥後国小城郡《おぎぐん》松尾の光勝寺に住し、教団の指導的役割を担った。日親二十七歳のときである。

ところが、日親の不受不施《ふじゅふせ》・強義折伏《ごうぎしゃくぶく》の厳格な信仰態度は当地の人々と相容れず、日親はしばしば下総に帰って中山法華経寺貫主《かんじゅ》日有と対面し、信仰の本義を全うしようとした。しかし、日親の行動は中山法華経寺の大檀越千葉氏や貫首日有の不興をかい、永享九年（一四三七）七月七日、日親は突然に日有から破門を宣告された。

門徒を擯出《ひんずい》された日親は、総導師職のみならず、弘通の拠点であるゆかりの寺院や弟子信者にいたるまで、一切のものを剝奪され、壊滅的な打撃を受けたのである。しかし、京都に赴いた日親は失意のなかからなおも立ち上がり、永享十年（一四三八）三月二十六日、『折伏正義抄《しゃくぶくしょうぎしょう》』を著わして九州の僧侶や信者に送り、日蓮聖人の宗教の本義は身軽法重《しんきょうほうじゅう》（身は軽く法は重し）の死《し》身弘《しんぐ》法《ほう》（身命を捧げて法を弘む）にあるとして、教団の矛盾と貫首日有の誤謬を指摘し、法華経弘通のために天下を諫《いさ》めんとの決意を表明したのである。

『折伏正義抄』の言葉どおり、翌十一年（一四三九）五月六日、日親は将軍足利義教《よしのり》に対して諫《かん》暁《ぎょう》を断行した。国家諫暁は宗祖以来、日蓮教団の熱い願いであった。しかしながらその敢行には身命を捨てる覚悟が必要であった。日親は足利義教の館におもむき、庭中《ていちゅう》を遂げたのである。庭中とは将軍への直訴を意味する。日親は、宗祖日蓮聖人にならって、義教に法華経信仰を勧奨し、幕府の政道を糺《ただ》したのである。

日親は幕府の取調べを受け、今後の諫暁禁止を厳しく申し渡された。しかるに、目的を達しえなかった日親は、来る永享十二年（一四四〇）五月六日の鹿苑院殿《ろくおん》（第三代将軍足利義満）の第三十三回忌の日を期して、再度の諫暁を志し、諫暁書『立正治国論《りっしょうちこくろん》』の述作を開始するとともに、九州の僧俗にその決意を表明した書状を送った。

ところが、永享十二年二月六日、企てを知った幕府は日親を捕え獄につないだ。日親はここで言語に絶する過酷な刑に堪えた。火あぶりの刑・寒夜の笞打《むちうち》の刑・釜むしの刑・口に水を流し込む刑・竹串で陰茎を突き刺す串刺の刑・焼鍬《すき》を両脇にはさむ刑・焼いた鐺《なべ》を頭に冠する刑・舌抜きの刑など、陰惨な刑が次々に行われ、執行者はそのつど、信仰の退転を迫ったが、日親はついに屈することなく、法華経信仰を堅持したのである。このような日親の強い信仰態度と徳行を称讃し、後世、日親を「なべかむり日親」と称するようになった。

嘉吉元年（一四四一）六月二十四日、足利義教は赤松満祐の館で殺され、これにより七月一日、日親は獄舎から解かれた。

自由の身となった日親は、京都と鎌倉、さらには京都と九州を頻繁に往復したのをはじめ、近江・加賀・備後・備中・但馬・出雲などにも歩を延ばし、広い範囲にわたって布教を展開した。

行く先々で権力者や諸宗から数々の迫害に遭遇したが、日親は一歩もひるむことなく化跡《けせき》を伸張し、三十有余の寺院を創したという。なかでも、獄中で教化した本阿弥本光（清信）の外護《げご》を受けて、康正年中には京都四条綾小路に本法寺《ほんぽうじ》を開いた。こうして布教の成果が全国に拡がり、やがて日親を疎外した千葉氏の帰依をも得て、日親は再び教団に大きな地位を占めるにいたった。

しかし、日親の変らぬ弘経態度は幕府を刺激し、寛正元年（一四六〇）、幕府は日親を処罰することを決定した。千葉氏の取り計らいで減刑されたものの、寛正三年（一四六二）十一月、日親は再び獄につながれた。

寛正四年（一四六三）八月八日、将軍足利義政の母鬘勝院の逝去によって臨時の大赦となり、幸い、日親は獄より放れた。

その後、日親は京都本法寺を拠点とし、京都町衆の外護を背景に教線を拡げ、洛中における教団の中心的役割を担って行った。文明二年（一四七〇）、『埴谷抄《はにやしょう》』を埴谷次左衛門に送り、続けて『伝燈抄』を述作するなど、精力的な著作活動を行い、さらに文明十六年（一四八四）には『本法寺法式』、文明十九年（長享元年、一四八七）には『本法寺縁起』を著わした。

長享二年（一四八八）九月、病床についた日親は臨終近きをさとり、後事を弟子に遺嘱し、文字通り死身弘経に終始した八十二歳の生涯を閉じたのである。

日朝《にっちょう》(一四二二—一五〇〇)は身延山を整備拡張して久遠寺発展の基礎を築くとともに、多くの書物を著わして教学の興立をはかった室町期を代表する学匠である。

日朝の身延山改革

日朝は応永二十九年(一四二二)伊豆国宇佐美の生まれで、幼いときに父を亡くし、永享元年(一四二九)八歳にして三島本覚寺《ほんがくじ》一乗坊日出《にっしゅつ》の門に投じた。字を鏡澄、加賀阿闍梨という。宝聚院と号したが後に行学院《ぎょうがくいん》と改めた。本覚寺での修学の後、仙波《せんば》檀林《だんりん》(星野山無量寿寺)に学び、天台教学を修め、さらに比叡山・京都・奈良等に遊学し、諸宗の学問に通達した。この研鑽の成果にもとづき、日朝は三島本覚寺を拠点に諸国を遊化し、教線を伸張した。長禄三年(一四五九)四月九日、師範日出《にっしゅつ》の入寂によって本覚寺の法澄を継承したが、寛正三年(一四六二)、身延山第十世勧行院日延の入寂を承けて身延山第十一世に晋《すす》んだ(住職となった)。日朝、四十一歳のときである。

日朝は身延山の護持経営・教学の興立・門下の教育・教線の拡張など、多方面にわたって精力的に活躍し、身延山および日蓮教団発展の基礎を築きあげて行ったのである。

身延に入山した日朝は、身延山の整備拡張を発願し、急斜面の山々に囲まれた西谷《にしだに》の地から現在の地へ諸堂を移転する大事業を敢行した。寛正七年(文正元年、一四六六)には大坊の移転が行われたのをはじめ、文明七年(一四七五)にかけて諸堂を移転し、新たに二重塔・刹女堂・舞殿等を造営したのである。身延山は急な斜面に囲まれている上に地質がもろくて崩れやすい。十年間にわたる移転・造営の大事業に費やした日朝の労苦は想像を絶するものがあったにちがいない。さらにまた、日蓮聖人ゆかりの地からの移転は、日朝にとっても勇気のいる決断であったであろう。しかし、極端に狭隘な西谷の地からの現在地への移転は、身延山の発展を思うと、身延山の未来を切り開く先見に満ちた英断であったといえよう。身延山が日蓮聖人棲神《せいしん》の地として人人の信仰を集め、多くの参詣者で賑う礎《いしずえ》を、日朝は早くも中世室町期に築き上げていったのである。

大規模な伽監の造営と並行して、日朝は多くの書物を著わし、教学の研鑽と門下の教育につとめた。日蓮聖人遺文の蒐集《しゅうしゅう》・書写、遺文の注釈書（『御書見聞《ごしょけんもん》』四十四巻）、日蓮聖人の伝記（『元《がん》祖化《そけ》導記《どうき》』二巻）、法華経関係の著書（『補施集《ふせしゅう》』百十二巻、『法華講演抄』三十六巻、『法華草案抄』十二巻）、宗義書（『弘経用心抄《ぐきょうゆうじんしょう》』五巻、『当家朝口伝《とうけちょうくでん》』二巻）など、日朝は驚くほど多くの書物を著わしており、当代第一の学匠とうたわれた日朝のたゆみない精進の跡が窺《うかが》われる。さらに、これらの著書に加えて「三日講《みっかんこう》」「立正会問答《りっしょうえもんどう》」「例講問答」などを催して門下の教育にあたっており、その厖大な記録が現在も身延山に所蔵されている。

日朝は身延山内の発展興立に尽力するのみならず、外に向けては教団全体を見通して、積極的に対応していった。従来、身延と中山の間には法服《ほうぶく》論争を起因として不和が生じていたが、日朝は中山法華経寺第八世日院との間に和議を結び、双方の交流をはかっていったのである。

こうして、身延山のみならず、教団全体にその名声を謳われた日朝は、多くの弟子に見守られながら、明応九年（一五〇〇）六月二十五日、身延在山三十八年、七十九歳で入寂した。後世の人々は、その遺徳を偲び、日朝を身延中興《みのぶちゅうこう》の祖と称し、尊崇したのである。

キリスト者の見た日蓮宗

キリスト教が日本に伝来したのは十六世紀中葉、戦国時代のことである。歴史学上では、このころのキリスト教をキリシタンと称する。

天文十八年（一五四九）、スペイン人のフランシスコ・デ・ザビエルはキリシタン開教をめざして日本に渡り、翌十九年には島津貴久の伝道公許を得るなど、短期間に多くのキリシタン信徒をつくり、ひいては、京に上って天皇に奏せんと志した。上奏は果しえなかったものの、楽器・時計等のヨーロッパの珍しい品物や文化知識は戦国大名の共感をよび、これら諸大名の外護を得て各地に布教の輪を拡げていった。大村純忠・有馬鎮貴・大友義鎮・高山右近・内藤如安・小西行長等の諸大名が続々と入信することにより、キリシタンは九州から近畿にかけて急速に伝播を遂げ、コレジオ（宣教師養成学校）の開設をはじめ、病院・セミナリオ（初等学校）が各地に設立された。語学・医学・音楽・絵画・印刷技術など、新しい西洋文化を背景にキリシタンは日本の人心を魅了していったのである。

このころ日蓮宗は各門流がこぞって教線を拡げ、とくに京都においては多くの信徒を擁し、大きな勢力を有していた。これを不快とした叡山の門徒は天文五年（一五三六）京都に攻め入り、日蓮宗二十一ヵ本山をことごとく破壊したのである（天文法難《てんもんほうなん》）。京都日蓮教団は壊滅的な打撃を被《こうむ》ったが、山門《さんもん》（比叡山）との和融につとめつつ、復興に力を注ぎ、天文十五年(一五四六)には早くも諸寺諸山の復興を見、とくに二十一ヵ本山のうち十五ヵ寺が再建された。

天文法難後の布教方法は、強義《ごうぎ》折伏《しゃくぶく》的態度から寛容的態度へと移行するようになり、外に向けては山門との和融、内にあっては諸門流間の和合へと進んでいったのである。

キリシタンの日本伝道は、京都日蓮教団のこのような布教態度の過渡期にあたっていた。キリシタンは貿易船のもたらす物資と技術文化を背景に精力的な布教活動を展開したが、当然、日本に定着している仏教との対立を余儀なくされた。なかでも日蓮宗はキリシタン布教の最大の敵であったようで、彼らは本国への報告書にその様子をしばしば記している。その一端を挙げてみよう。

。法華宗と称する一派あり。彼等は五字を崇め道理を求めず。

。法華経宗の僧侶は日本人中最も頑固な人々。

・他の諸宗派よりも欲深く罪悪甚だしき法華宗の坊主は最も我等並にデウスの教を憎む。法華宗とは、今の日蓮宗をいう。これらの報告書から推察するに、キリシタン伝道にとって日蓮宗の僧俗はもっとも邪魔な存在であったようである。そのことは当時の日蓮宗徒の信仰の強さと積極的な布教活動の様子を物語っている。天文法難でことごとく破却されながらも、帰洛の勅許が下るやたちまちに諸寺諸山を復興していったことを思うと、当時の日蓮教団のすさまじいまでの底力に驚嘆させられる。このような強力な信仰教団と対峙《たいじ》したキリシタン伝道者は、日蓮宗徒をデウスの最大の敵として非難したのである。内外ともに和融の方向にあった京都日蓮教団であったが、キリシタン伝道者にとっては、日蓮宗徒の信仰は厚い壁となって立ちふさがっていたのである。

日奥をめぐる不受不施事件

日奥《にちおう》（一五六五―一六三〇）は政治権力に対抗し、厳格な信仰態度を堅持した不受不施派の祖として名高い。

日奥（安国院・仏性院）は永禄八年（一五六五）六月八日、京都の富商辻藤兵衛の子として生まれ、天正二年（一五七四）、京都妙覚寺第十八世実成院日典に投じて出家した。安国房日甄《にっせん》と称したが、後に安国院日奥、さらに仏性院日奥と改めた。師範日典に認められ、文禄元年（一五九二）妙覚寺第十九世の法燈を継承した。日奥二十八歳のときである。

文禄四年（一五九五）、豊臣秀吉は京都東山方広寺《ほうこうじ》で千僧供養会《くようえ》を営むため、各宗派に出仕を要請した。百名の出仕要請を受けた日蓮教団では、日蓮聖人以来の不受不施義に照らして意見が対立した。本満寺一如院日重《いちにょいんにちじゅう》をはじめとする京都諸山の長老は秀吉の権勢を恐れ、国主の布施は格別であるゆえに出仕すべきであると主張した。日奥はこれに強く反対し、不受不施義の堅持をとなえた。しかし大勢は日重の意見に傾き、ついに出仕すべしと決定されるにいたった。

供養会出仕の決定を不満とした日奥は、文禄四年九月二十五日妙覚寺を退出した。

不受不施とは法華経の信者以外からは供養を受けず、法華経の信者以外には供養を施さないとする僧俗の信仰規範である。日奥は、千僧供養会の出仕は、法華経信仰者ではない秀吉の供養を受けることになり、不受不施の制戒に背《そむ》くと考えたのである。

妙覚寺を退出した日奥は嵯峨・栂尾・鶏冠井《かいで》を転々と移り、その間、十一月十三日『法華宗諫《かん》状《じょう》』一巻を著わし、奉行の前田玄以を介して秀吉に献じた。その後、十一月十五日、日奥は丹波国小泉に隠棲した。

文禄五年（一五九六）日奥は『法華宗奏状』一巻を著わし、これを日蓮聖人の『立正安国論』に副えて病中の後陽成帝に奏上した。帝は日奥の奏文に関心を示し、諸宗との法門糺明《きゅうめい》を意図されたが、天下の静謐《せいひつ》を第一とする奉行前田玄以の進言によって、中断となった。

慶長三年（一五九八）八月十八日、豊臣秀吉は六十三歳にして没し、天下の実権は徳川家康のもとに集まった。

日奥の態度は京都の人々の支持するところとなり、一方、日重は人々の批判を受け、両者は一層対立を深めていった。この間、池上本門寺の仏乗院日惺《にっせい》・関白秀次の母瑞龍院日秀などが両者の和合をはからんとしたが功なく、慶長四年（一五九九）十一月十三日、日重《にちじゅう》等は日奥《にちおう》等を家康に訴えた。日奥はこれに対抗して陳状を呈し、日重等の所論に反駁した。

その年の十一月二十日、家康は両者を大坂城に召喚し対論せしめた。日奥は変らず厳格な不受不施義を主張したため、ついに家康の怒りをかい、翌年六月、対馬に流罪となった。

配流の地にあって、日奥は盛んに執筆活動を行った。『三箇条問答』『断悪生善』『円珠真偽決』『諫暁神明記』等を次々に著わして、不受不施義の顕彰と広布につとめたのである。

慶長十七年（一六一二）五月、赦免されて帰洛したが、日奥は僧俗の改悔《かいげ》を求めて妙覚寺に入ることを拒否した。所司代板倉伊賀守勝重の斡旋により、元和二年（一六一六）三月二十五日、妙覚寺の大衆が改悔して日奥は妙覚寺に帰山した。続いて諸山の改悔がなされ、五月二十七日、妙覚寺において諸門和融が実現したのである。

元和九年（一六二三）十月十三日、幕府は不受不施公許の折紙《おりかみ》を出して、不受不施の宗義を容認する方針を示した。

ところが、このころ、関西教団の関東進出とそれに対抗する関東教団の間に軋轢《あつれき》が生じていた。関東教団は池上本門寺の長遠院日樹《にちじゅ》を中心に強義《ごうぎ》折伏《しゃくぶく》・不受不施義を堅持し、関西教団の寛容的態度を批判して、日奥の信仰態度を支援した。これを背景に、身延に晋《すす》んでいた日重の弟子日乾《にちけん》（寂照院）・日遠《にちおん》（心性院）等は日奥の立義《りゅうぎ》に批判を加え、再び、不受不施義をめぐる対立が激化した。

寛永七年（一六三〇）二月二十一日、幕府は身延側と池上側を江戸城に召喚し、対論させた。幕府は法理の上からではなく、先年の家康禁制《きんぜい》の裁きに違背したとして、池上側を弾圧し、各師の流罪に加えて、池上本門寺・京都妙覚寺を身延側に与えたのである。これを身池《しんち》対論《たいろん》という。

日奥はこの係争中の三月十日、六十六歳をもって入寂した。しかし身池対論の結果、再犯の罪に問われ、死後にもかかわらず対馬へ流罪となったのである。

その後、寛文五年（一六六五）から六年にかけて不受不施義は禁制となり、以来、日奥を派祖とする不受不施派は地下にひそんで信仰の法燈を守り続けていくことになるのである。

元政《げんせい》（一六二三―一六六八）は持律主義の新しい宗風を興立した近世初頭の学匠であるとともに、和漢の学に秀でた詩人・文人として名高い。

元政と文化人たち

元政（日政）は元和九年（一六二三）二月二十三日、元毛利輝元の家臣石井元好の五男として京都に生まれ、幼名を源八郎元政《もとまさ》と称した。長姉の春光院は彦根城主井伊直孝の側室となり、兄の元秀は直孝に仕えていた。元政もまた十三歳にして直孝に仕えたが、寛永十八年（一六四一）十九歳の折、病に冒され京に帰った。そこで元政は母とともに泉州の妙泉寺に参詣し、出家・父母への孝養・天台三大部読了の三の誓いを立てたという。その後数年、井伊家に仕えたが、出家の想いが強く、正保四年（一六四七）、いよいよ意を固め、翌慶安元年（一六四八）、井伊家を辞して京に帰り、妙顕寺第十四世僧那院日豊の門に投じた。元政二十六歳のときである。日豊は身延山第二十二世心性院日遠《しんしょういんにちおん》の高弟で京都日蓮教団を代表する地位にあった。元政はたちまちのうちに才能を発揮し、学識の深さと人格の高潔さは京都の町中に知れわたった。

明暦元年（一六五五）、師範日豊の池上本門寺晋山《しんざん》を機に、元政は深草に称心庵《しょうしんあん》を結んで隠棲した。元政の学識は宗義のみならず和漢の書に通じ、書や和歌をもたしなんだ。したがって、元政のもとへは早くから教えを請う人々が集い、深草に隠棲してからも入門者は後を絶たなかった。

元政は内面的な信仰の世界を注視し、具体的規律を重んじた僧堂の興立につとめた。その規範となったのが承応三年（一六五二）に著わされた『草山要路《そうざんようろ》』で、元政はこれを求道者の指針とした。寛文元年（一六六一）仏殿を建立して瑞光寺《ずいこうじ》と称し、ここを法華三昧の道場としたのである。このような元政の内省的・持律的教風は、草山《そうざん》教学・草山律（法華律・本化律《ほんげりつ》）とも称され、日蓮宗に新風を吹き込んだものとして高く評価された。

元政は多くの門下を育成するとともに著作・詩文・和歌などを通じ、宗門内外の碩学《せきがく》をはじめ、幾多の文人とも交遊していった。

主な門下には、草山の上座に抜擢されたが若くして病死した宜翁日可、元政が著わした『身延《みのぶ》道《みち》の記』を浄書して元和上皇に叡覧した能書家で、元政没後、西谷檀林化主《けしゅ》・飯高《いいだか》檀林化主・谷中瑞輪寺《ずいりんじ》・小湊《こみなと》誕生寺に晋《すす》んだ慈忍日孝、元政没後、瑞光寺第二世を譲られ、遺命を奉じて法華律の顕彰につとめた慧明日燈《えみょうにっとう》がある。

宗門内外の道友としては、立本寺《りゅうほんじ》日審・本法寺日徳・三宝寺日護、妙心寺太嶽・建仁寺通憲・泉涌寺天圭《てんけい》などがあった。

在俗の文人としては陳元贇《ちんげんぴん》が著名である。元政は万治元年（一六五八）三十六歳のとき父を失い、翌年、母とともに身延に遺骨を納め、さらに池上に詣でた。この旅行記が『身延道の記』

で、この旅行中に、元政は、次姉の夫川澄正吉の紹介で陳元贇と知り合ったのである。陳元贇は明虎林の人で、詩・文・画・製陶等に長じた文人であった。二人は交友を深め、寛文二年（一六六二）には二人の詩を収めた『元元唱和集《げんげんしょうわしゅう》』が編《あ》まれた。

このほかに漢詩人で書家の石川丈山、陽明学者の熊沢蕃山、古典学者で俳人の北村季吟など、数多くの文人と交わり、病身でありながら、元政は多くの著作・詩文を世に残したのである。

寛文七年（一六六七）、八十七歳で逝去した母（妙種）を見送った元政は、翌寛文八年二月十五日、四十六歳の若さで入寂した。

元政の教学は、弟子慧明日燈によって詳述され、内省的観心主義教学の流れを形成し、やがて本妙日臨《ほんみょうにちりん》・優陀那日輝《うだなにちき》等へと引き継がれ、近代日蓮教学の素地が築かれていったのである。

明治維新の嵐の中で ―新居日薩

新居日薩《あらいにっさつ》（一八三〇―一八八八）は、明治維新の仏教抑圧の嵐の中で、日蓮宗一致派初代管長として宗門を統率し、新しい時代に対応した教団の基礎づくりに多大な業績を残した。

日薩（文明院《ぶんみょういん》）は天保元年（一八三〇）十二月二十六日、群馬県桐生の新居宗衛門の六男として生まれ、幼名を林之助と称した。天保九年（一八三八）二月、九歳にして埼玉県秩父浄蓮寺大車院日軌の門に投じ、翌十年四月八日、得度して文嘉《ぶんか》と名を改めた。天保十一年、飯高檀林《いいだかだんりん》に学び、続いて嘉永元年（一八四八）、金沢立像寺充洽園《じゅうごうえん》に遊学し、近代日蓮教学の基礎を築いた学匠優陀那院日輝の薫陶を受けた。安政元年（一八五四）、江戸駒込蓮久寺に入山するまでの六年間、日薩は日輝のもとで行学の研鑽につとめ、嘉永四年（一八五一）には二十二歳にして日輝の代講を勤めるにいたった。

蓮久寺に晋んだ日薩は藤森弘庵の塾に通って漢学・儒学を修めるかたわら、鶏渓精舎《けいけいしょうじゃ》を設けて僧俗を問わず学徒を集め、講義を行った。この会下《えげ》より、後に第十五代管長となった久保田日亀、池上本門寺第六十九世に晋んだ守本文静、身延山久遠寺第七十九世に晋んだ小泉日慈等、日蓮宗門を担う人材が輩出していったのである。元治元年（一八六四）神楽坂善国寺に晋んだが、山務多忙を嘆き再び蓮久寺に入り、池上南谷《なんごく》檀林の講師をつとめた。

このころ、日本は新しい社会体制の建設に向かって風雲急を告げていた。各地で群発する、打ちこわしや京畿を中心とした「ええじゃないか」の群衆乱舞など、騒然とした空気の中で徳川幕府の幕はおろされ、明治維新の夜は明けたのである。新政府は明治元年（一八六八）三月、「祭政一致の制」復古と神仏分離令を発布した。これを契機に廃仏毀釈《はいぶつきしゃく》の気運が高まり、各地において寺院が破壊されたのである。日蓮宗においても、明治元年十月、三十番神《さんじゅうばんじん》信仰の禁止が通達された。仏教各宗は時代の嵐のなかで呻吟しながらこの稀有《けう》の事態を乗り切るために懸命の努力を払ったのである。

明治五年（一八七二）三月、政府は教部省を設け神社・寺院を管理統轄した。この教部省の指揮監督下に、神仏合併の教育宣伝機関として、中央に大教院、地方に中教院・小教院が設けられた。大教院には神仏各教団から教師の出仕が命ぜられ、日蓮宗からは新居日薩・吉川日鑑・河田日因・久保田日亀等が教導職に任じられた。

明治新政府の統轄を受けながらの新しい体制下で、日薩は機敏に対応を図り、宗門を指導していった。明治五年には二《に》本榎《ほんえのき》承教寺《じょうきょうじ》に日蓮宗宗教院を開設して新しい宗門の体制づくりを行ったのをはじめ、他宗との和融連繋、新政府との対応など、日薩は宗門内外にわたって大きな指導力を発揮していったのである。

明治七年（一八七四）三月、身延山久遠寺第六十五世に晋んだ日薩は、管長職の施行にともなって、その年の四月、日蓮宗一致派初代管長となった。日薩、四十五歳のときである。日薩は身延山の護持運営と管長職の重責を担い、名実ともに日蓮宗一致派を代表する要路となった。ところが明治八年（一八七五）、正月十日、身延山は久遠寺本院および支院十二ヵ坊を失う大火に遭遇した。日蓮聖人第六百遠忌を目前にひかえて多忙をきわめていた日薩は、身延山の復興を吉川日鑑に託して、管長職に専念した。明治九年（一八七六）二月二十七日、日薩の努力により、日蓮宗一致派は日蓮宗と公称することとなった。

このように、明治維新の混乱期に宗門の教育・行政を担って獅子奮迅の活躍をした日薩は、明治二十一年（一八八八）八月二十九日、池上永寿院において五十九歳で入寂した。

日輝の薫陶を受けた充洽園《じゅうごうえん》の人々は、次々に宗門の要路を占め、近代日蓮宗の基礎を築き上げていった。日薩は同門の日鑑・日修とともに日蓮宗中興の三師と称され、時代に対応した新しい教団形成のもっとも中心的役割を担ったのである。

近代日蓮主義の活動 ―田中智学

田中智学《たなかちがく》（一八六一―一九三九）は国柱会《こくちゅうかい》を結成し、日蓮主義在家仏教運動を展開した活動家である。

田中智学は文久元年（一八六一）十一月十三日、江戸日本橋本石町に多田玄龍・舞里子の三男として生まれ、幼名を巴之助と称した。明治二年（一八六九）九月に母、翌三年二月に父を失った巴之助は、その年の四月、十歳にして東京の一之江村等覚院《とうがくいん》の智境院日進の門に投じ、智学と改名した。翌明治四年（一八七一）十一歳にして飯高檀林に入檀し、藤原日迦・吉川日鑑等の薫陶を受けた。飯高檀林の廃止にともない、明治七年（一八七四）、新設された二本榎の日蓮宗大檀林に移り、ここで新居日薩・永野日定等に学んだ。天台学偏重の檀林教学に疑問を抱いていた智学は、大檀林においても日薩の摂受《しょうじゅ》的（寛容的）学風に不満をもつようになり、新居日薩との意見の対立をみるようになった。明治九年、日薩を批判して等覚院に帰ったが津川日済の斡旋を受けて復学した。しかしその年の十月、重い病に罹り、大檀林を辞し横浜の兄のもとで療養につとめた。

その後、小康を得た智学は、等覚院にて宗義を研鑽し、自己の進むべき道に確信を得、還俗《げんぞく》を決意した。日薩の再三の説得にも応ぜず、智学は脱宗して日蓮主義在家仏教運動の歩みを開始した。

明治十三年（一八八〇）蓮華会を結成したのをはじめ、明治十七年（一八八四）には立正安国会を起こし、盛んに日蓮主義運動を展開したのである。智学は、各地での講演・講義をはじめ、会報・教報の発行、および多くの著述を公刊し、日蓮聖人の信仰を宣布した。その中でも、『宗門之維新』『本化摂折論《ほんげしょうしゃくろん》』は日蓮宗教団の批判と折伏主義を標榜し、日蓮宗門をはじめ日蓮教学の研究に大きな衝撃を与えたのである。加えて、明治三十六年（一九〇三）から翌三十七年にかけて大阪立正閣で行われた本化宗学研究大会では、「本化妙宗式目」を講じて日蓮教学の体系化をはかった。この講義は弟子山川智応によって筆録編集され、『本化妙宗式目講義録』としてまとめられた。

大正三年（一九一四）智学は、立正安国会の会下《えげ》にあった諸教団を総括して国柱会を組織した。国柱会は日蓮主義にもとづく在家仏教教団として大きく発展し、日蓮教学研究の進展に貢献するとともに、高山樗牛《ちょぎゅう》・宮沢賢治等の文学者にも多大な影響を与えていった。

昭和十三年（一九三八）、四月十七日、突然脳溢血のため倒れた智学は、翌十四年十一月十七日、七十九歳で入寂した。

智学の在家仏教運動は、宗門内に閉ざされがちな日蓮聖人の教えを社会に広布《こうふ》する意味で、大きな役割を果した。充洽園教学に端を発した幕末以降の日蓮宗教団の伝統的学風に反旗をひるがえした智学は、日蓮聖人の教えを現実社会に具現すべく、日蓮主義による国家の実現を標榜したのである。

第五章　信仰と作法

一、日蓮宗年中行事

釈尊涅槃会《ねはんえ》　二月十五日。釈尊入滅の忌日に営む法会《ほうえ》。

　釈尊は紀元前三八三年ころ（仏滅年代には異説がある）二月十五日、八十年の生涯を拘尸那城《くしなじょう》阿利羅跋提河《ありらばっだいが》の辺、沙羅双樹林《さらそうじゅりん》で閉じられた。頭を北、顔を西に向け、右脇を下にして臥し、多くの弟子たちに見守られながら、静かに涅槃に入られたのである。人々は慟哭《どうこく》し、樹林はいっせいに白鶴のごとく変じたという。

　仏教教団では、釈尊入滅の二月十五日を記念して、釈尊の遺徳を偲び、涅槃図をかかげて報恩慶讃の法要を営むのである。

宗祖降誕会《ごうたんえ》　二月十六日。日蓮聖人の生誕を祝して営む法会。

日蓮聖人は貞応元年（一二二二）二月十六日、安房国《あわのくに》（千葉県）小湊に誕生された。聖人の誕生と同時に海上一面に蓮華が咲きほこり、浜辺に鯛の群が現われ、庭先から清水が涌き出したと伝えられている。

ただし、現在知られている日蓮聖人遺文中には、日蓮聖人自身がみずからの生誕日について書き記されている文は見られない。最も古い日蓮聖人の伝記『御伝土代《ごでんどだい》』（大石寺第四世伯者阿闍梨日道）に二月十六日と記されており、釈尊入滅の翌日、釈尊の遺命を奉じて日蓮聖人が世に出現されたとの見地から、この説が定着したのである。

彼岸会　三月・九月。春と秋の彼岸に営む先祖供養の法会。

彼岸とは梵語の pāramitā（波羅蜜多《はらみた》）のことで、到彼岸《とうひがん》と訳す。迷妄多き此岸《しがん》から仏の世界である彼岸《ひがん》へ到達しようとすることを意味する。煩悩《ぼんのう》を離れてさとりの境地に到らんとする仏教思想が、日本の伝統的な先祖供養の信仰と結びついて、祖先の霊を供養する行事となったのである。

春の彼岸は三月、秋の彼岸は九月に、それぞれ中日（春分・秋分）の前後三日（合計七日）で、この間に法要を営み先祖の霊を慰める。

釈尊降誕会

四月八日。釈尊の誕生を祝して営む法会。灌仏会《かんぶつえ》・仏生会《ぶっしょうえ》・龍華会《りゅうげえ》・浴仏会《よくぶつえ》とも称し、一般には花まつりの呼称で知られている。

釈尊は紀元前五世紀なかごろ、インドの釈迦族の王子として誕生された。仏伝によると、母親の摩耶夫人《まやぶにん》は白象《びゃくぞう》が胎内に入る夢をみて懐妊し、お産のために故郷へ帰る途中、ルンビニ園で休憩して無憂樹《むうじゅ》の枝に手を掛けたとき、急に産気づき、釈尊が生まれたという。このとき釈尊の誕生に歓喜《かんぎ》した龍王が空中より甘露《かんろ》の香水を注いだとされるところから、釈尊降誕会には誕生仏を安置し、その頭上から甘茶を注ぐ習わしがある。

立教開宗会

四月二十八日。日蓮聖人が立教開宗を宣言された日を記念して営む法会。

日蓮聖人は建長五年（一二五三）四月二十八日、安房国（千葉県）清澄山において、長年の研鑽によって確信を得た信仰の世界を表明された。それは末法の人々を救済しうる唯一の教えとして釈尊がとどめられた純粋な法華経の信仰「南無妙法蓮華経」である。日蓮聖人は旭が森の山頂に立ち、大海原の彼方から昇りくる朝日を満身に浴びながら題目を唱え、釈尊の真実の教えに生きる覚悟と信念を声高く表明されたのである。これを日蓮聖人の開宗の宣言とする。この日から法華経の弘通者としての聖人の第一歩がはじまるのである。

伊豆法難会　五月十二日。日蓮聖人が伊豆の伊東に流罪された日を記念して営む報恩慶讃の法会。四大法難会（伊豆法難会・松葉谷《まつばがやつ》法難会・龍口法難会・小松原法難会）の一。

日蓮聖人は弘長元年（一二六一）五月十二日、幕府に捕えられ、伊豆の伊東へ流された。

文応元年（一二六〇）七月十六日、日蓮聖人が前執権《さきのしっけん》北条時頼（最明寺入道）に上呈した『立正安国論』は、念仏信仰者等の怒りをかい、同年八月二十七日松葉谷の草庵が夜襲され、続いて翌弘長元年には伊豆へ流罪に処せられたのである。松葉谷の夜襲は私的怨恨による受難であったが、伊豆流罪は公の権力をたのんでの処罪で、聖人の配流の生活は弘長三年（一二六三）二月二十二日の赦免まで、約二年間に及んだ。この間、聖人は、受難の身に法華経を如説《にょせつ》に修行する者としての法悦をかみしめながら、著作活動や流罪地の人々を教化された。

四大法難会はいずれも聖人の艱難辛苦の慈悲の実践を讃え、その恩徳に謝す報恩慶讃の法会である。

盂蘭盆会《うらぼんえ》　七月・八月。盂蘭盆に営む先祖供養の法会。

盂蘭盆とは梵語 ullambana（烏藍婆拏《うらんばな》）のことで、倒懸《とうけん》と訳す。逆さに吊された苦しみを意味し、苦界に堕《お》ちた霊を供養する行事として古くから営まれていた。

『盂蘭盆経』には、釈尊十大弟子の一人で神通力第一という目連尊者《もくれんそんじゃ》の物語が説かれている。目連は餓鬼道《がきどう》に堕ちて苦しむ母青提女《しょうだいにょ》を救おうと食物を与えるが、母が口に入れようとすると燃えあがり、水をかけるとさらに激しく燃えたため、釈尊に救いを求めた。釈尊は、七月十五日に十方の聖僧を集め、飲食《おんじき》を供えて供養するようにと教えられ、これによって母は餓鬼道から逃れることができたという。

盂蘭盆は七月十三日から十五日の三日間であるが、地方によっては月おくれと称して八月に行う。

各家庭では精霊棚《しょうりょうだな》を設けて先祖の霊を迎え、寺院では施餓鬼《せがき》法要を修して三世《さんぜ》十方法界《じっぽうほうかい》の万霊《ばんれい》を供養するのである。

松葉谷《まつばがやつ》法難会　八月二十七日。日蓮聖人が鎌倉松葉谷の草庵を夜襲された日を記念して営む報恩慶讃の法会。四大法難会の一。

日蓮聖人は文応元年（一二六〇）八月二十七日の夜、念仏者を中心とする暴徒に襲撃された。草庵は焼かれたものの、裏山に逃れてあやうく難を逃れた聖人は、危険を避けて下総の檀越富木《とき》常忍《じょうにん》のもとに身を寄せられた。

松葉谷法難は、『立正安国論』上呈後、一ヵ月余にして起きた念仏者等の聖人殺害の暴挙であった。法華経弘通者は身命に関わる難に遭遇するとの法華経の教えを身に帯して行動された日蓮聖人は、この難を法華経弘通の必然として甘受された。

龍口《りゅうこう・たつのくち》法難会　九月十二日。日蓮聖人が片瀬《かたせ》龍口で斬首《ざんしゅ》されかけた日を記念して営む報恩慶讃の法会。四大法難の一。

日蓮聖人は文永八年（一二七一）九月十二日、鎌倉松葉谷の草庵に押しかけた侍所所司平左衛門《へいのさえ》門尉頼綱《もんのじょうよりつな》率いる幕府の手の者に捕えられた。文永五年（一二六八）以来、くりかえしもたらされる蒙古の牒状《ちょうじょう》による社会の動揺を背景に、幕府は、人心を迷わし政道を乱すものとして聖人に弾圧を加えたのである。聖人は第二の諫言《かんげん》も容れられず捕縛の身となり、正式の罪科は遠流《おんる》にもかかわらず、頼綱らの策謀によって龍口の刑場に引き出され、首を切られるところであったが、突然、天に異変が起こり、あやうく虎口を逃れた。罪名通り佐渡へ流罪の身となった聖人は、この片瀬龍口を凡夫《ぼんぷ》日蓮の死と受けとめ、法華経に生きる行者《ぎょうじゃ》としての自覚をより一層深めていったのである。

文永八年の弾圧は聖人のみならず、広く弟子檀越《だんのつ》にも及び、牢につながれたり、所領を没収される者もあって、多くの人々が法華経の信仰から退転していった。文永八年は、日蓮聖人の生涯において、最大の危機に遭遇した時期であったといえよう。

佐渡法難会

十月十日。日蓮聖人が佐渡へ流罪された日を記念して営む報恩慶讃の法会。佐渡法難は龍口法難と一連の事件であるゆえに龍口佐渡法難と称し、九月十二日に龍口法難会と合同して修することもある。

日蓮聖人は文永八年（一二七一）九月十二日、鎌倉で捕えられ、その夜半から十三日にかけて龍口で斬首されようとしたがあやうく危機を逃れ、相模国依智《えち》の佐渡国守護代本間六郎左衛門尉の館に預けられた。約一カ月滞在した後、十月十日、依智を発ち、十月二十一日、越後国寺泊《てらどまり》に到着、順風を待って十月二十七日寺泊《てらどまり》を出帆し、十月二十八日に佐渡に着かれたのである。佐渡に渡った聖人は、塚原三昧堂《さんまいどう》で風雪に耐えて生活されていたが、翌九年（一二七二）の四月には一谷《いちのさわ》に転居となった。この間、念仏者に命をねらわれながらも、聖人は佐渡の人々を教化し、『開目抄』『観心本尊抄』などの書物を著わし、法華経の行者としての自覚の表明と観心《かんじん》法門の体系化を推し進めていかれたのである。

宗祖御会式

十月十三日。日蓮聖人入滅の忌日に営む報恩慶讃の法会。報恩講《ほうおんこう》・御命講《おめいこう》・御影供《みえいく》とも称する。

日蓮聖人は弘安五年（一二八二）十月十三日、武蔵国池上の檀越池上右衛門大夫志宗仲《いけがみうえもんのだゆうさかんむねなか》の館で安祥《あんじょう》として入滅された。法華経の行者として広大な慈悲の実践に生きられた聖人の遺徳を偲び、日蓮聖人の御影《みえい》をかかげて、報恩の法要を修するのである。逮夜《たいや》にあたる十二日から翌十三日にかけて講会《こうえ》を開き、報恩の誠を捧げる。とくに聖人入滅の霊蹟である池上本門寺では、十二日夜に盛大に万灯供養《まんどうくよう》が行われ、十三日の朝には、聖人入滅時に弟子日昭が打ったという臨滅度時《りんめつどじ》の鐘が打ちならされる。

小松原法難会

十一月十一日。日蓮聖人が、東条郷松原《とうじょうのごうまつばら》で東条景信に襲撃された受難の日を記念して営む報恩慶讃の法会。四大法難会の一。

日蓮聖人は文永元年（一二六四）十一月十一日の夕刻、檀越工藤吉隆《よしたか》の招きに応じて、弟子数人とともに吉隆の館に向かう途上、東条郷松原にさしかかったところ、かねてより日蓮聖人の命をねらっていた地頭東条景信率いる手の者に襲撃された。弟子一人は死亡、二人は重傷をおい、聖人自身も切りつけられて頭に傷をおわれた。急の知らせを受けてかけつけた吉隆もまた殉死したが、九死に一生を得た聖人は天津《あまつ》に逃れ、翌文永二年鎌倉に帰られた。

釈尊成道会

十二月八日。釈尊の開悟を記念して営む法会。成道《じょうどう》とは仏道を成ずること、すなわち、さとりを開くことを意味する。

釈尊は釈迦族の王子として誕生されたが、世の無常を克服するために出家された。バラモンの苦行を修したが満足しえないためこれを中止、尼連禅河《にれんぜんが》で沐浴《もくよく》して身を浄め、伽耶城《がやじょう》の近く畢鉢《うつぱ》羅樹《ちじゅ》（菩提樹《ぼだいじゅ》）の下に坐して禅定《ぜんじょう》を修し、さとりを開かれた。さとりを開いた者を仏陀（覚者）といい、釈迦族の聖者であるゆえに釈尊とも尊称する。三十歳（異説あり）にしてさとりを開かれた釈尊は人々への説法を決意し、諸国をめぐって真実の教えを宣布された。これが仏教の起りで、仏教教団では十二月八日を記念して慶讃の法要を営む。

二、日蓮宗各寺院の年中行事

日蓮宗の各寺院では創建以来の由緒・由来にもとづき、各種の伝統的な年中行事を営んでいる。ここではその主なものを紹介してみたい。

1身延山**久遠寺**（山梨県南巨摩郡身延町）

御年頭会《おんねんとうえ》（一月十三日）　年頭の祝賀会。日蓮聖人を身延山に招いた大檀越波木井実長《はぎいさねなが》が、聖人身延入山の翌年正月に、一族をともなって日蓮聖人に年賀の挨拶に参上したことに由来する。日蓮聖人がことのほか馬を好まれたところから、法要後、二頭の馬による曳馬式が行われる。

節分会（二月三日〈又は四日〉）　節分は大寒の末日で、立春の前日にあたる。冬から春に改まる日として、各地で追儺《ついな》式《しき》が行われ、除災得幸《じょさいとっこう》を祈る。身延山では年男《としおとこ》年女の豆まきをはじめ、全国から登詣した善男善女で賑《にぎ》わう。

桜千部会《さくらせんぶえ》（四月六日〜八日）　山内の枝垂《しだ》れ桜が咲き乱れるなかで、身延山内の僧侶が総出仕して法華経を読誦し、追善供養や諸願成就を祈る。

釈尊御降誕会（五月大会《だいえ》）（五月六日〜八日）　釈尊の降誕を祝い、月おくれの五月に天童音楽法要を営む。

開闢会《かいびゃくえ》（六月大会）（六月十五日〜十七日）　日蓮聖人が身延に入山し、久遠寺を開かれたことを記念して行われる天童音楽大法要。

御会式《おえしき》（十月大会）（十月十一日〜十三日）　日蓮聖人入滅の忌日、山内の僧侶が総出仕して天童音楽大法要が営まれる。十二日の夜は万灯供養や夜を徹しての高座説教が行われる。

七五三祝禱会（十一月十五日前後の日曜日）　児童・幼児の成長を祈って山内修法師による祈禱が修せられる。

2長栄山本門寺（東京都大田区池上）

祝禱会《しゅくとうえ》（一月一日〜三日）　年のはじめを祝い、社会の平和・家内安全などを祈り、新しい年の門出とする。池上本門寺は都心にあることもあって、除夜の鐘がつき終った後、各地より善男善女が初詣にきて、新年を祝い、多幸を祈願する。

灌仏会《かんぶつえ》（四月八日）　釈尊の誕生を祝して法要を営み、四月の第一日曜日には花まつりパレードを行う。

千部会（立教開宗会）（四月二十日〜二十九日）　関係寺院の僧侶が出仕して法華経一部を読誦し、追善供養や祈願を行う。

み魂まつり（八月四日〜六日）　盂蘭盆行事の一環として先祖の霊を供養し、盆おどりなどを行う。

御会式（十月十一日〜十三日）　日蓮聖人入滅の霊蹟として、日蓮宗のなかでももっとも盛大に報恩法要が営まれる。十二日の逮夜には万灯《まんどう》の練供養《ねりくよう》があり、参詣者で全山が埋まる。十三日の朝（午前八時）には、日蓮聖人入滅の往時を偲び、臨滅度時の鐘が打ちならされる。

3小湊山誕生寺（千葉県安房郡天津小湊町）

誕生会（二月十六日）　日蓮聖人誕生の霊蹟として、日蓮聖人の誕生を祝し、聖人の幼像を奉安して、近隣寺院・関係寺院僧侶の出仕により法要が営まれる。

海施餓鬼会《うみせがきえ》（八月十日）　元禄十六年（一七〇三）十一月二十二日、地震と津波によって小湊地域は多大な災害を被り、このとき、死者の霊を慰めるために修せられた追善法要が、今日に伝えられ、鯛の浦に灯篭と水塔婆《みずとうば》を流して供養を行う。

御会式（七ツ児詣）（十一月十二日）　日蓮聖人入滅の日の逮夜にあたる十二日の月おくれに行う報恩の法会。このときに、幼児・児童が参詣して成長を祝い、祈願を行う。

4 千光山清澄寺（千葉県安房郡天津小湊町）

立教開宗会（四月二十七日〜二十八日）　建長五年（一二五三）、日蓮聖人が立教開宗を宣言された霊蹟として、旭が森と祖師堂において盛大に法要が営まれる。二十七日から檀信徒が参籠《さんろう》し、二十八日の早朝、昇りくる朝日を拝して暁天法要が修せられる。

虚空蔵菩薩十三詣（九月十三日）　日蓮聖人が智慧の宝珠を賜わったという虚空蔵菩薩の例祭。

5 寂光山龍口寺（神奈川県藤沢市片瀬）

龍口法難会（九月十一日〜十三日）　文永八年（一二七一）、日蓮聖人が斬首されかけた片瀬の霊蹟として、報恩慶讃の法要が営まれる。刑場に向かう聖人に、老婆がぼたもちを供養したと伝えられるところから、ぼたもち供養が行われ、多くの善男善女で賑わう。

6 海光山**仏現寺**（静岡県伊東市物見が丘）

伊豆御法難千部会（五月十二日）　弘長元年（一二六一）、日蓮聖人が流罪された伊豆の霊蹟として、報恩慶讃の法要を営む。

7 具足山**妙顕寺**（京都市上京区寺ノ内通新町西入妙顕寺前町）

法華《ほっけ》懺法会《せんぼうえ》（六月十六日）　妙顕寺の開山勅願主である後醍醐天皇を偲んで、天皇が一切衆生の滅罪を祈願して修せられた法華懺法を営み、社会の平安と天皇の菩提を弔《とむら》う。

8 大光山**本圀寺**（京都市山科区御陵大岩町）

清正公大祭《せいしょうこう》（六月二十四日・十一月二十四日）　加藤清正（一五六二―一六一一）は、大坂に本妙寺を建立し、後にこれを熊本城に移築し、京都本圀寺の流れをくむ六条門流の九州における地盤を形成した熱心な法華経信仰者であった。本圀寺では清正公をまつり、誕生日と忌日に法要を営み招運息災の祈願を行う。

9 富士山**本門寺**（静岡県富士宮市北山）

垂迹堂祭礼《すいじゃく》（四月二十九日）　本化垂迹天照大神をまつって法要を営み、神輿がくり出し、重《お》須《す》孝行太鼓が打ち鳴らされる。

10正中山**法華経寺**（千葉県市川市中山）

節分会（星まつり）（二月立春日）　千葉家ゆかりの妙見菩薩を奉安し、山内に設置されている日蓮宗加行所の修行僧が出仕しての法楽加持《ほうらくかじ》と豆まきが盛大に行われる。

聖教殿お風入（日蓮聖人御真蹟奉展）（十一月三日）　日蓮聖人ゆかりの宝物のお風入れ。日蓮聖人の大檀越富木常忍は聖人滅後出家し、聖人ゆかりの聖教《しょうぎょう》を蒐集し、その護持につとめた。山内の聖教殿には国宝の『立正安国論』『観心本尊抄』をはじめ多くの聖教が所蔵され、日蓮宗・法華経寺・法華会の三者によって構成された聖教護持財団によって管理されている。

11妙法華山**妙照寺**（新潟県佐渡郡佐和田町）

本尊祭（本尊始顕会）（七月八日）　日蓮聖人が文永十年（一二七三）、一谷《いちのさわ》の配所で十界勧請の大曼荼羅をはじめて図顕されたことを記念して、慶讃の法会を営む。なお、五十年目毎には日蓮宗をあげての法要を厳修する。

12日円山**妙法寺**（東京都杉並区堀ノ内）

千部会（八月二十一日〜二十三日）　関係寺院の僧侶が出仕して法華経一部を読誦し、諸願成就を祈る。妙法寺は厄除《やくよけ》の祖師として名高い。

13明星山**妙純寺**（神奈川県厚木市金田）

御会式（奇瑞会・星祭り祈禱会）（十月十三日）　文永八年（一二七一）、龍口の斬首を逃れた日蓮聖人は相模国依智六郎左衛門尉の館に預けられたが、その折、明星天子が庭先の梅の木に下《くだ》る奇瑞があらわれたことに由来して、御会式の当日に法要を営む。

14貞松山**蓮永寺**（静岡市沓谷）

開山会（一月一日）　開山日持上人は、日蓮聖人の定められた六老僧の一人。永仁三年（一二九五）正月、日本初の海外伝道者として大陸へ旅立った。旅立ちの日を命日と定め法要を営む。

15青龍山**本覚寺**（静岡市池田）

宗祖御会式（十一月三日）　出座の僧侶とともに、十名の檀信徒が鎌倉時代の武士の服装をして参道を練り、御会式《おえしき》の法要を営む。

16本立山**玄妙寺**（静岡県磐田市見付）

御命講《おめいこう》（十一月十一日〜十三日）　鬼子母神祭《きしもじんさい》と合併したかたちで御会式を営む。参詣者に「子育ぞうり」を授与し、子供の成長を祈願する。

17靖定山**久昌寺**（茨城県常陸太田市新宿町）

虚空蔵尊大祭（二月三日・七月三日・十月三日）　久昌寺を創建した水戸《みと》光圀《みつくに》は三昧堂《さんまいどう》檀林《だんりん》を開設して学徒の養育を行ったが、檀林生の学問成就と智恵明瞭を祈って虚空蔵菩薩を奉安した。大祭には学道増進を祈願して法会を営む。

18常在山**藻原寺**（千葉県茂原市茂原）

御頭会《おとうえ》（一月十三日）　開山日向《にこう》上人が、身延山で行っていた行事を、身延退山後、藻原寺の年中行事とした。

19真間山**弘法寺**（千葉県市川市真間）
手児奈《てごな》霊神大祭（四月八日～九日、十月八日～九日）　手児奈姫をまつり、子授・安産・子育の祈願を行う。

20妙高山**正法寺**（千葉県山武郡大網白里町）
焙烙灸《ほうろくきゅう》（夏・土用の日）　頭上へ焙烙をのせて灸を据え、身体健全・息災延命《そくさいえんめい》を祈願する。

21金栄山**妙成寺**（石川県羽咋市滝谷町）
寄合会《きごうえ》（七月二十六日～二十七日）　第二祖日乗上人の忌日とその翌日、古式にのっとり、天童稚児や山伏の法螺貝《ほらがい》など、練供養と法要が営まれる。忌講大会《きこうだいえ》とも称する。

22具足山**立本寺**（京都市上京区七本松通り中立売下ル一番町）
鬼子母神千団子会《きしもじんせんだんごえ》（四月八日）　第七世龍華院《りゅうげいん》日実上人が、大覚大僧正作と伝えられる鬼子母神十羅刹女《じゅうらせつにょ》に祈願して山内再建を成就したことに因み、団子を供えて報恩の法会を営む。参詣者には第二十世霊鷲院《りょうじゅいん》日審上人ゆかりの「ゆうれいの子育飴」が授与される。

23松尾山**光勝寺**（佐賀県小城郡小城町）
焙烙灸《ほうろくきゅう》（御霊宝お風入）（七月土用丑の日）　なべかむり日親上人ゆかりの霊蹟として、日親上人の法難を偲び、焙烙灸を行って無病息災を祈願する。

24松崎山**涌泉寺**（京都市左京区松ヶ崎堀町）
松ヶ崎題目踊（八月十五日〜十六日）　永仁二年（一二九四）、日像上人の教化を受けて改衣《かいえ》した実眼法師が、徳治元年（一三〇六）、松ヶ崎の全村民を法華経に導き、歓喜のあまり太鼓を打ち、題目を唱えたところ、村民もこれに和して踊ったのがはじまりで、松ヶ崎独特の盆踊りとなった。日本最古の盆踊と伝えられ、太鼓の拍子に乗り、題目歌にあわせて踊る。
また京都五山の送り火のうち、「妙・法」は松ヶ崎の涌泉寺と妙円寺の檀徒によって行われており、京都の夏の夜をいろどる風物として知られている。

25海照山**正蓮寺**（大阪市此花区伝法）
伝法川施餓鬼《でんぼうかわせがき》（八月二十四日〜二十六日）　海中出現の祖師像を奉安し、享保年間から川施餓鬼の行事がはじまった。二十四日・二十五日は宵施餓鬼と盆踊、二十六日には御輿《みこし》がくり出し、題目を唱えながら淀川に向かい、経木を流して供養を行う。日本三大川施餓鬼の一。

26沖縄法華経寺（日蓮宗沖縄布教所）（沖縄県那覇市安里）

沖縄《おきなわ》浜下《はまう》り（旧暦の三月三日）　沖縄に古くから伝わっている女性の厄除けの行事で、足を海水に浸して厄払いをする。現在では女性の厄除けとともに戦没者の追悼の法要をもあわせて行われている。

三、日常勤行

勤行の意味

勤行とは仏道を勤め行ずることである。仏教では菩薩の修行として布施《ふせ》（他に施す）・持戒《じかい》（人間としての本分を守る）・忍辱《にんにく》（たえ忍ぶ）・精進《しょうじん》（努力）・禅定《ぜんじょう》（心を静める）・智慧《ちえ》（正しく見る智恵の目）の六波羅蜜《ろくはらみつ》を説き、人間として正しく生きていく道を教示している。勤行とはこのうちの精進にあたり、物事を正しく判断し、人間としての本分をつくして生きるよう努力することである。したがって、勤行は、この精神にもとづいて行われなければならない。当然、日常の生活においても人間として正しく生きる気持がなければならないのであり、勤行の精神で毎日を生きることが本当の勤行の意味なのである。

仏壇の荘厳

仏壇は仏さまを奉安して、信仰礼拝する対象である。信仰者は自分の心を捧げるのであるから、常に荘厳《しょうごん》し給仕につとめなければならない。

仏壇の中央にはかならず御本尊をおまつりし、この御本尊を中心に信仰生活を営むのである。日蓮宗では大曼荼羅《だいまんだら》御本尊をかかげ、その前に日蓮聖人像を奉安する形式が多い。

位牌《いはい》は先祖の魂である。先祖があって現在の自分たちがあるのであるから、先祖の供養は人間が生きる上で大切なことといえる。自分たちもやがて先祖の仲間入りをすることを思えば、先祖とは生命の繋がりをいうのであって、先祖への感謝が現在をより確かなものとし、豊かな未来を切り開く力となるのである。先祖の霊は仏さまに守られているのであるから、位牌は仏壇の中でも、御本尊より低い位置にまつるべきである。

霊簿《れいぼ》（過去帳）は先祖の名簿で、法名《ほうみょう》・俗名《ぞくみょう》・没年月日・年齢・続柄などを記入する。

仏具は、香炉《こうろ》を中央に、燭台を左右に、華瓶《けびょう》（花瓶《かびん》）をその外側左右に置く。燭台と華瓶が各一の場合は向かって右に燭台、左に華瓶を配置する。

お茶・お水・お膳・菓子・果物等を供え、リン・線香など必要なものを配置する。

勤行の作法

勤行は毎日欠かさず勤めることが肝要である。家族が食事の前に、仏壇を荘厳し、霊簿を開き、お膳・お茶・お水などの供物を奉げ、灯明《とうみょう》をあげて線香三本（仏法僧の三宝《さんぼう》供養を意味する）を香炉の中央に垂直に立て、威儀を正してから開始する。焼香をする場合は香炭の左に点火し、香炉の中央に、向かって右向きに火が移るように置く。焼香は右手の親指と人差指の先で軽くつまみ、三宝を念じながら三回行う。

勤行の順序を一般的な例で挙げてみよう。

勧請《かんじょう》（久遠釈尊をはじめ、法華経守護の諸仏諸天を招く）

開経偈《かいきょうげ》（法華経の功徳を称讃し、受持の決意を表明する）

読経《どっきょう》（法華経の肝要な諸品を読誦する）

方便品・如来寿量品（自我偈）・如来神力品（偈）・観世音菩薩普門品（世尊偈）

御妙判《ごみょうはん》（祖訓）（日蓮聖人遺文の一節を拝読する）

または運想（唱題の功徳を称揚する）

唱題（心を込めて題目を唱える。最も中心となる行）
宝塔偈（法華経受持の功徳を称讃する）
回向《えこう》（信仰を誓い、功徳を念じ一切の人々にたむける）
四誓（人々のために努力する誓いの言葉）
題目三唱（最後に題目を三回唱えて、心を正し勤行を結ぶ）

仏壇の前に正坐したら、威儀を正し、合掌して心をおちつける。最初に、ゆっくりと、額が畳に着くほど深く礼拝し、姿勢を正してから焼香して静かにリンを三回（大・小・大）打ち、勤行を開始する。勧請が終了したらリンを一回打ち、一呼吸おいて開経偈を唱える。開経偈が終了したらリンを一回打ち、一呼吸おいてから静かに読経に入る。お経（各品）の冒頭に三回と終りに二回リンを打つ。読経と唱題のときは木鉦《もくしょう》を打って声を揃える。読経が終了したら一呼吸おき御妙判を拝読する。御妙判が終了したらリンを一回打ち、一呼吸おいて唱題に入る。口先で唱えることなく、題目と自分が一になるよう腹の底から心を込めて唱える。唱題の終りにリンを打ち、ゆっくり唱えて、第三唱目に第二回目のリンを打ち、唱題を終る。唱題が終了したら一呼吸おいて宝塔偈を唱える。宝塔偈の後、一呼吸おいてリンを二回ゆっくりと打ち、心静かに回向文《えこうもん》を唱える。回向が終了したらリンを三回（大・小・大）打ち、ゆっくりと四誓の文を唱え、最後に題目を三回ゆっくりと唱える。題目三唱後、リンを静かに三回（大・小・大）打って、合掌し、心をおちつけて、静かに、深く礼拝する。

勤行聖典

日蓮宗正依《しょうえ》の経典は『妙法蓮華経』である。略して法華経という。法華経は二十八品から成り、日常勤行ではこのうちの諸品を読誦するのが通例である。ここでは一般的に読誦されているもののうち、一部を紹介してみたい。

原文

妙《みょう》法《ほう》蓮《れん》華《げー》経《きょう》方《ほう》便《べん》品《ぼん》第《だい》二《にー》

爾《にー》時《じー》世《せー》尊《そん》。従《じゅう》三《さん》昧《まい》。安《あん》詳《じょう》而《にー》起《きー》。告《ごう》舎《しゃ》利《り》弗《ほっ》。諸《しょー》仏《ぶッ》智《ちー》慧《えー》。甚《じん》深《じん》無《むー》量《りょう》。其《ごー》智《ちー》慧《えー》門《もん》。難《なん》解《げー》難《なん》入《にゅう》。一《いッ》切《さい》声《しょう》聞《もん》。辟《ひゃく》支《しー》仏《ぶつ》。所《しょー》不《ふー》能《のう》知《ちー》。所《しょー》以《いー》者《しゃー》何《がー》。仏《ぶつ》曽《ぞう》親《しん》近《ごん》。百《ひゃく》千《せん》万《まん》億《のく》。無《むー》数《しゅー》諸《しょー》仏《ぶつ》。尽《じん》行《ぎょう》諸《しょー》仏《ぶつ》。無《むー》量《りょう》道《どう》法《ほう》。勇《ゆー》猛《みょう》精《しょう》進《じん》。名《みょう》称《しょう》普《ふー》聞《もん》。

現代語訳

妙法蓮華経方便品第二

そのときに釈尊は瞑想《めいそう》を終えられ、静かに座からお起ちになって舎利《しゃり》弗《ほっ》にお告げになった。

「諸仏の智慧は大変深く、人々には理解することができない。なぜならば、仏は多くの仏に仕えて修行し、深い教えを体得してきた。したがって、この教えの真実の意味はたやすく理解できないのである」。

「舎利弗よ、私はさとりを開いてからこのかた、種々

成《じょう》就《じゅー》甚《じん》深《じん》。未《みー》曾《ぞう》有《うー》法《ほう》。随《ずい》宜《ぎー》所《しょー》説《せつ》。意《いー》趣《しゅー》難《なん》解《げー》。舎《しゃ》利《り》弗《ほつ》。吾《ごー》従《じゅう》成《じょう》仏《ぶつ》已《い》来《らい》。種《しゅー》種《じゅー》因《いん》縁《ねん》。種《しゅー》種《じゅー》譬《ひー》諭《ゆー》。広《こう》演《えん》言《ごん》教《きょう》。無《むー》数《しゅー》方《ほう》便《べん》。引《いん》導《どう》衆《しゅー》生《じょう》。令《りょー》離《りー》諸《しょー》著《じゃく》。所《しょー》以《いー》者《しゃー》何《がー》。如《にょー》来《らい》方《ほう》便《べん》。知《ちー》見《けん》波《は》羅《ら》蜜《みつ》。皆《かい》已《いー》具《ぐー》足《そく》。舎《しゃ》利《り》弗《ほつ》。如《にょー》来《らい》知《ちー》見《けん》。広《こう》大《だい》深《じん》遠《のん》。無《むー》量《りょう》無《むー》礙《げー》。力《りき》無《むー》所《しょー》畏《いー》。禅《ぜん》定《じょう》解《げー》脱《だつ》三《さん》昧《まい》。深《じん》入《にゅう》無《むー》際《さい》。成《じょう》就《じゅー》一《いッ》切《さい》。未《みー》曾《ぞう》有《うー》法《ほう》。舎《しゃ》利《り》弗《ほつ》。如《にょー》来《らい》能《のう》。種《しゅー》種《じゅー》分《ふん》別《べつ》。巧《ぎょう》説《せッ》諸《しょー》法《ほう》。言《ごん》辞《じー》柔《にゅう》軟《なん》。悦《えッ》可《かー》衆《しゅー》心《しん》。舎《しゃ》利《り》弗《ほつ》。取《しゅー》要《よう》言《ごん》之《しー》。無《むー》量《りょう》無《むー》辺《へん》。未《みー》曾《ぞう》有《うー》法《ほう》。仏《ぶッ》悉《しつ》成《じょう》就《じゅー》。止《しー》舎《しゃ》利《り》弗《ほつ》。不《ふー》須《しゅー》復《ぶー》説《せつ》。所《しょー》以《いー》者《しゃー》何《がー》。仏《ぶッ》所《しょー》成《じょう》就《じゅー》。

の方便をもって人々を導いてきた。なぜならば、仏は人々を導く手だてと智慧を備えているからである」。

「舎利弗よ、仏の智慧の世界はかぎりなく広く、大きく、深いのである。量り知れなく偉大な法を仏は体得したのである」。

「舎利弗よ、仏は種々の手段をもって人々に法を説き、人々を喜悦《きえつ》せしめる」。

「舎利弗よ、要するに仏は量り知れなく、かぎりなく、かつてなかった偉大な法をことごとく成就したのである」。

「止めよう、舎利弗、再び説くことはできない。なぜなら、仏の成就した法は人々に理解することは困難であり、仏にしかこの真実の相は理解できない。いわゆる真実の相とは、かくの如き相（すがた）であり、かくの如き性（本性）であり、かくの如き体（本体）で

第《だい》一《いち》希《けー》有《うー》。難《なん》解《げー》之《しー》法《ほう》。唯《ゆい》仏《ぶっ》与《よー》仏《ぶっ》。乃《ない》能《のう》究《くー》尽《じん》。諸《しょー》法《ほう》実《じッ》相《そう》。所《しょ》謂《い》諸《しょ》法《ほう》。如《にょ》是《ぜ》相《そう》。如《にょ》是《ぜ》性《しょう》。如《にょ》是《ぜ》体《たい》。如《にょー》是《ぜー》力《りき》。如《にょー》是《ぜー》作《さ》。如《にょー》是《ぜー》因《いん》。如《にょー》是《ぜー》縁《えん》。如《にょー》是《ぜー》果《か》。如《にょー》是《ぜー》報《ほう》。如《にょ》是《ぜ》本《ほん》末《まっ》究《く》竟《きょう》等《とう》。

あり、かくの如き力（ちから）であり、かくの如き作（他への働きかけ）であり、かくの如き因（原因）であり、かくの如き縁（間接的原因）であり、かくの如き果（結果）であり、かくの如き報（果によってもたらされたもの）であり、それらが互いに関連し合っている（かくの如き本末究竟等）のである。

原文

妙《みょう》法《ほう》蓮《れん》華《げー》経《きょう》如《にょー》来《らい》
寿《じゅー》量《りょう》品《ほん》第《だい》十《じゅう》六《ろく》

自《じー》我《がー》得《とく》仏《ぶっ》来《らい》　所《しょー》経《きょう》諸《しょー》劫《こッ》数《しゅー》
無《むー》量《りょう》百《ひゃく》千《せん》万《まん》　億《おく》載《さい》阿《あー》僧《そう》祇《ぎー》
常《じょう》説《せッ》法《ぽう》教《きょう》化《けー》　無《むー》数《しゅー》億《おく》衆《しゅー》生《じょう》
令《りょう》入《にゅう》於《おー》仏《ぶつ》道《どう》　爾《にー》来《らい》無《むー》量《りょう》劫《こう》

現代語訳

妙法蓮華経如来寿量品第十六

「私（釈尊）がさとりを開いたのは量り知れない昔であり、常に法を説いて多くの人々を教化して仏道に入らしめた。人々を救わんがために、方便して入滅の相を示したが、真実には人々とともに住して法華経を説き続けている。心の迷った

為《いー》度《どー》衆生《しゅじょう》故《こー》　方《ほう》便《べん》現《げん》涅《ねー》槃《はん》
而《にー》実《じっ》不《ふー》滅《めつ》度《どー》　常《じょう》住《じゅう》此《しー》説《せッ》法《ぼう》
我《がー》常《じょう》住《じゅう》於《おー》此《しー》　以《いー》諸《しょー》神《じん》通《ずう》力《りき》
令《りょう》顛《てん》倒《どう》衆《しゅー》生《じょう》　雖《すい》近《ごん》而《にー》不《ふー》見《けん》
衆《しゅー》見《けん》我《がー》滅《めつ》度《どー》　広《こう》供《くー》養《よう》舎《しゃー》利《りー》
咸《げん》皆《かい》懐《えー》恋《れん》慕《ぼー》　而《にー》生《しょう》渇《かつ》仰《ごう》心《しん》
衆《しゅー》生《じょう》既《きー》信《しん》伏《ぶく》　質《しち》直《じき》意《いー》柔《にゅう》軟《なん》
一《いッ》心《しん》欲《よく》見《けん》仏《ぶつ》　不《ふー》自《じー》惜《しゃく》身《しん》命《みょう》
時《じー》我《がー》及《ぎゅう》衆《しゅー》僧《そう》　倶《くー》出《しゅつ》霊《りょう》鷲《じゅー》山《せん》
我《がー》時《じー》語《ごー》衆《しゅー》生《じょう》　常《じょう》在《ざい》此《しー》不《ふー》滅《めつ》
以《いー》方《ほう》便《べん》力《りき》故《こー》　現《げん》有《うー》滅《めつ》不《ふー》滅《めつ》
余《よー》国《こく》有《うー》衆《しゅー》生《じょう》　恭《くー》敬《ぎょう》信《しん》楽《ぎょう》者《しゃー》
我《がー》復《ぶー》於《おー》彼《ひー》中《ちゅう》　為《いー》説《せつ》無《むー》上《じょう》法《ほう》
汝《にょー》等《とう》不《ふー》聞《もん》此《しー》　但《たん》謂《にー》我《がー》滅《めつ》度《ど》
我《がー》見《けん》諸《しょー》衆《しゅー》生《じょう》　没《もっ》在《ざい》於《おー》苦《くー》海《かい》

人々を救うために肉身の入滅を示し、信仰の心を起こさしめるのである。人々が信の心を起こし、仏を願ったならば、私は多くの弟子とともに霊鷲山《りょうじゅせん》に姿を現わす」。

「さらに、私は次のように人々に語る。私は常に人々とともにあり、滅することはない。人々を教え導くために、仮に入滅の相を示し、またあるときは不滅であると説くのである。他の国土に仏を敬い、信じ、願う者があるならば、私はまたその国土におもむき無上の法を説く」。

「人々はこのことを知らないで、ただ、仏は入滅すると思っている。私から見ると、人々は迷妄に閉ざされ苦しみの海に沈んでいる。したがって私は入滅の相を示して人々に仏を求める心を生ぜしめるのである。人々が仏を恋慕するようになれば、私は姿を現わし、人々に法を説く」。

「仏の不思議の力とはこのようなものである。永い間、私は霊鷲山および他の諸の場所に常にいる。世界が破壊され、人

故《こー》不《ふー》為《いー》現《げん》身《しん》　令《りょう》其《ごー》生《しょう》渇《かつ》仰《ごう》
因《いん》其《ごー》心《しん》恋《れん》慕《ぼー》　乃《ない》出《しゅっ》為《いー》説《せッ》法《ぽう》
神《じん》通《ずう》力《りき》如《にょー》是《ぜー》　於《おー》阿《あー》僧《そう》祇《ぎー》劫《こう》
常《じょう》在《ざい》霊《りょう》鷲《じゅー》山《せん》　及《ぎゅう》余《よー》諸《しょー》住《じゅう》処《しょー》
衆《しゅー》生《じょう》見《けん》劫《こう》尽《じん》　大《だい》火《かー》所《しょー》焼《しょー》時《じー》
我《がー》此《しー》土《どー》安《あん》穏《のん》　天《てん》人《にん》常《じょう》充《じゅう》満《まん》
園《おん》林《りん》諸《しょー》堂《どう》閣《かく》　種《しゅう》種《じゅ》宝《ほう》荘《しょう》厳《ごん》
宝《ほう》樹《じゅー》多《たー》花《けー》果《か》　衆《しゅー》生《じょう》所《しょー》遊《ゆー》楽《らく》
諸《しょー》天《てん》撃《ぎゃく》天《てん》鼓《くー》　常《じょう》作《さー》衆《しゅー》伎《ぎー》楽《がく》
雨《うー》曼《まん》陀《だー》羅《らー》華《けー》　散《さん》仏《ぶつ》及《ぎゅう》大《だい》衆《しゅー》
我《がー》浄《じょう》土《どー》不《ふー》毀《きー》　而《にー》衆《しゅー》見《けん》焼《しょー》尽《じん》
憂《うー》怖《ふー》諸《しょ》苦《くー》悩《のう》　如《にょー》是《ぜー》悉《しつ》充《じゅう》満《まん》
是《ぜー》諸《しょー》罪《ざい》衆《しゅー》生《じょう》　以《いー》悪《あく》業《ごう》因《いん》縁《ねん》
過《かー》阿《あー》僧《そう》祇《ぎー》劫《こー》　不《ふー》聞《もん》三《さん》宝《ぼう》名《みょう》
諸《しょー》有《うー》修《しゅー》功《くー》徳《どく》　柔《にゅう》和《わー》質《しち》直《じき》者《しゃー》

人が焼きつくされようとするときでも、仏の世界は安穏であり、多くの天人が楽しくすごし、花園や樹林、種々の宝で飾られた堂閣、宝の華や果実をつけた樹木が多くあり、人々は遊楽している。諸天は鼓を打ち、種々の音楽を奏で、仏や多くの人々に白蓮華をふらす。このように、仏の世界（浄土）は美しく輝いており、決して破壊されることはない」。

「しかるに、仏の世界に気づかない迷いの人々は、この世界は焼けつき、多くの苦悩に満ちていると思っている。このような罪深い人々は、悪業《あくごう》の因縁によって、永い時間を経由しても、三宝《さんぼう》（仏・法・僧）の名さえも聞くことができない。一方、諸《もろもろ》の功徳を修し、我執《がしゅう》を離れて、心が柔和で素直な者は、仏がこの国土（娑婆世界）にあって法を説くと見るのである」。

「またあるときは法を求める人々のために、仏の寿命《いのち》は限りがないと説く。久しい時が過ぎて、今ようやく仏にあうこと

則《そッ》皆《かい》見《けん》我《がー》身《しん》　在《ざい》此《しー》而《にー》説《せッ》法《ぽう》
或《わく》時《じー》為《いー》此《しー》衆《しゅー》　説《せつ》仏《ぶつ》寿《じゅー》無《むー》量《りょう》
久《くー》乃《ない》見《けん》仏《ぶッ》者《しゃー》　為《いー》説《せつ》仏《ぶつ》難《なん》値《ちー》
我《がー》智《ちー》力《りき》如《にょー》是《ぜー》　慧《えー》光《こう》照《しょう》無《むー》量《りょう》
寿《じゅー》命《みょう》無《むー》数《しゅー》劫《こう》　久《くー》修《しゅー》業《ごう》所《しょー》得《とく》
汝《にょ》等《とー》有《うー》智《ちー》者《しゃー》　勿《もッ》於《とー》此《しー》生《しょう》疑《ぎー》
当《とう》断《だん》令《りょう》永《よう》尽《じん》　仏《ぶッ》語《ごー》実《じッ》不《ぷー》虚《こー》
如《にょー》医《いー》善《ぜん》方《ほう》便《べん》　為《いー》治《じー》狂《おう》子《しー》故《こー》
実《じつ》在《ざい》而《にー》言《ごん》死《しー》　無《むー》能《のう》説《せッ》虚《こー》妄《もう》
我《がー》亦《やく》為《いー》世《せー》父《ぶー》　救《くー》諸《しょー》苦《くー》患《げん》者《しゃー》
為《いー》凡《ぼん》夫《ぶー》顛《てん》倒《どう》　実《じつ》在《ざい》而《にー》言《ごん》滅《めつ》
以《いー》常《じょう》見《けん》我《がー》故《こー》　而《にー》生《しょう》憍《きょう》恣《しー》心《しん》
放《ほう》逸《いつ》著《じゃく》五《ごー》欲《よく》　堕《だー》於《おー》悪《あく》道《どう》中《ちゅう》
我《がー》常《じょう》知《ちー》衆《しゅー》生《じょう》　行《ぎょう》道《どう》不《ふー》行《ぎょう》道《どう》
随《ずい》応《おう》所《しょー》可《かー》度《どー》　為《いー》説《せッ》種《しゅー》種《じゅー》法《ほう》

ができた者には、その人々を導くために、仏にはあい難いと説く」。

「私の智慧の力はこのようなものである。智慧の光は限りなく、寿命《いのち》は永遠である。それは久遠の過去よりの修行の積み重ねによって得たものである」。

「あなた方智慧のある者はこのことを疑ってはならない。永く疑惑を断じつくすべきである。仏の言葉は真実であって決して虚妄《こもう》ではない。それはあたかも、父の良医が毒を飲んで苦しんでいる子供を治癒せしめんがために、方便をもうけ、真実ではないのに自分の死を子供に告げ、良薬を飲ませたことが、虚妄の罪に問われないようなものである」。

「私もまたこれ世の人々の父であり、人々の諸《もろもろ》の苦しみを救う者である。煩悩に執着《しゅうじゃく》する人々が迷いの心を起こすゆえに、真実ではないのに入滅すると説くのである。私が常にこの世にいると、人々はいつでも救われると思い、憍慢《きょうまん》の心を

毎《まい》自《じー》作《さー》是《ぜー》念《ねん》　以《いー》何《がー》令《りょう》衆《しゅ》生《じょう》
得《とく》入《にゅう》無《むー》上《じょう》道《どう》　速《そく》成《じょう》就《じゅー》仏《ぶッ》身《しん》

起こし、怠惰《たいだ》となって欲望に溺れ、悪道（地獄道・餓鬼道・畜生道）に堕落する。私は、常に、人々が仏道を修行したり怠ったりすることを熟知するゆえに、導利すべき情況を見定めて、種々の法を説くのである」。

「毎《つね》に私はこの念《おも》いの中に生きている。どのようにして人々を無上の教えの世界に入らしめ、速かにさとりを開き仏身を成就せしめようかと」。

原文

妙《みょう》法《ほう》蓮《れん》華《げー》経《きょう》如《にょー》来《らい》
神《じん》力《りき》品《ほん》第《だい》二《にー》十《じゅう》一《いち》
諸《しょー》仏《ぶッ》救《くー》世《せー》者《しゃ》　住《じゅう》於《おー》大《だい》神《じん》通《ずう》
為《いー》悦《えッ》衆《しゅ》生《じょう》故《こー》　現《げん》無《むー》量《りょう》神《じん》力《りき》
舌《ぜッ》相《そう》至《しー》梵《ぼん》天《でん》　身《しん》放《ぽう》無《むー》数《しゅー》光《こう》

現代語訳

妙法蓮華経如来神力品第二十一

「世の人々を救う諸仏は、大いなる不思議の力を有し、人々を悦ばしめんがために量り知れない神通力をお現わしになる。広く長い舌は梵天《ぼんてん》まで届き、身体から無数の光を放ち、

為《いー》求《ぐー》仏《ぶつ》道《どう》者《しゃー》　現《げん》此《しー》希《けー》有《うー》事《じー》
諸《しょー》仏《ぶッ》謦《きょう》欬《がい》声《しょう》　及《ぎゅう》弾《たん》指《じー》之《しー》声《しょう》
周《しゅう》聞《もん》十《じッ》方《ぽう》国《こく》　地《じー》皆《かい》六《ろく》種《しゅー》動《どう》
以《いー》仏《ぶつ》滅《めつ》度《どー》後《ごー》　能《のー》持《じー》是《ぜー》経《きょう》故《こー》
諸《しょ》仏《ぶつ》皆《かい》歓《かん》喜《ぎー》　現《げん》無《むー》量《りょう》神《じん》力《りき》
属《ぞく》累《るい》是《ぜー》経《きょう》故《こー》　讃《さん》美《みー》受《じゅー》持《じー》者《しゃー》
於《おー》無《むー》量《りょう》劫《こう》中《ちゅう》　猶《ゆー》故《こー》不《ふー》能《のー》尽《じん》
是《ぜー》人《にん》之《しー》功《くー》徳《どく》　無《むー》辺《へん》無《むー》有《うー》窮《ぐー》
如《にょー》十《じッ》方《ぽう》虚《こー》空《くう》　不《ふー》可《かー》得《とく》辺《へん》際《ざい》
能《のう》持《じー》是《ぜー》経《きょう》者《しゃー》　則《そく》為《いー》已《いー》見《けん》我《がー》
亦《やッ》見《けん》多《たー》宝《ほう》仏《ぶつ》　及《ぎッ》諸《しょー》分《ふん》身《じん》者《しゃー》
又《うー》見《けん》我《がー》今《こん》日《にち》　教《きょう》化《けー》諸《しょ》菩《ぼー》薩《さつ》
能《のう》持《じー》是《ぜー》経《きょう》者《しゃー》　令《りょう》我《がー》及《ぎゅー》分《ふん》身《じん》
滅《めつ》度《どー》多《たー》宝《ほう》仏《ぶつ》　一《いッ》切《さい》皆《かい》歓《かん》喜《ぎー》
十《じッ》方《ぽう》現《げん》在《ざい》仏《ぶつ》　並《びょう》過《かー》去《こー》未《みー》来《らい》

仏道を求める者のために、この未曽有《みぞう》の相をお現わしになる。諸仏の歓喜《かんぎ》を表わす謦欬《きょうがい》（咳払い）の声、弾指《たんじ》（指はじき）の音があまねく十方の国にまで聞こえ、大地はすべて六種に振動した」。

「仏の入滅の後に能《よ》くこの法華経を持《たも》つゆえに、諸仏は皆歓喜して、無量の不思議の力をお現わしになった。この法華経を付属するためには、受持者を限りなく長い時間讃美しても、なお充分とはいえない。仏滅後の法華経受持者の功徳は、限りなく、広大無辺である。それはあたかも十方虚空《こくう》の終辺を確かめることができないようにきわまりないのである」。

「能《よ》くこの法華経を持《たも》つ者は、すなわちすでに私（釈尊）を見、多宝仏及び分身諸仏《ふんじんしょぶつ》を見、また私が今日まで教化してきた諸の菩薩を見る」。

「能くこの法華経を持つ者は私（釈尊）及び分身諸仏、過去入滅の多宝仏など、一切の仏をことごとく歓喜せしめ、さら

亦《やッ》見《けん》亦《やッ》供《くー》養《よう》　亦《やく》令《りょう》得《とく》歓《かん》喜《ぎー》
諸《しょ》仏《ぶっ》坐《ざー》道《どう》場《じょう》　所《しょー》得《とく》秘《ひー》要《よー》法《ほう》
能《のう》持《じー》是《ぜー》経《きょう》者《しゃー》　不《ふー》久《くー》亦《やく》当《とう》得《とく》
能《のう》持《じー》是《ぜー》経《きょう》者《しゃー》　於《おー》諸《しょー》法《ほう》之《しー》義《ぎー》
名《みょう》字《じー》及《ぎゅう》言《ごん》辞《じー》　楽《ぎょう》説《せつ》無《むー》窮《ぐう》尽《じん》
如《にょ》風《ふう》於《おー》空《くう》中《ちゅう》　一《いッ》切《さい》無《むー》障《しょう》礙《げー》
於《おー》如《にょ》来《らい》滅《めっ》後《ごー》　知《ちー》仏《ぶッ》所《しょー》説《せッ》経《きょう》
因《いん》縁《ねん》及《ぎゅう》次《しー》第《だい》　随《ずい》義《ぎー》如《にょ》実《じッ》説《せつ》
如《にょー》日《にち》月《がッ》光《こう》明《みょう》　能《のう》除《じょー》諸《しょー》幽《ゆう》冥《みょう》
斯《しー》人《にん》行《ぎょう》世《せー》間《けん》　能《のう》滅《めッ》衆《しゅ》生《じょう》闇《あん》
教《きょう》無《むー》量《りょう》菩《ぼー》薩《さつ》　畢《ひッ》竟《きょう》住《じゅう》一《いち》乗《じょう》
是《ぜー》故《こー》有《うー》智《ちー》者《しゃー》　聞《もん》此《しー》功《くー》徳《どく》利《りー》
於《おー》我《がー》滅《めっ》度《どー》後《ごー》　応《おー》受《じゅー》持《じー》斯《しー》経《きょう》
是《ぜー》人《にん》於《のー》仏《ぶっ》道《どう》　決《けつ》定《じょう》無《むー》有《うー》疑《ぎー》

に十方世界の現在仏・過去仏・未来仏を見、または供養し、または歓喜せしめる」。

「諸仏が道場に坐して体得された秘要の法を、能くこの法華経を持つ者は久しからずしてまた体得するであろう」。

「能くこの法華経を持つ者は、諸仏の義や名字や言葉をことごとく理解すること、あたかも風が空中で何の障害も受けずに吹くようなものである」。

「仏滅後において、仏の説かれた経典のいわれや順序を知って、義に随って真実の教えを説く。太陽と月の光が能く諸の闇を除くように、この上行等の地涌の大菩薩は世の中に法華経を弘め、人々の心の闇を消滅せしめ、量り知れない多くの菩薩をして真実の教えの世界に導き入れるであろう」。

「この故《ゆえ》に、智慧のある者は、この功徳の大いなるを聞いて、私が入滅した後、この法華経を受持せよ。受持の人は仏道において心の安住を得、信心が決定《けつじょう》して疑いを起こすこと

一　はないであろう」。

仏具の解説

①数珠

念珠ともいい、邪心を払い一心に仏を念ずるためのもので、いくつかの種類がある。大きく分けると装束数珠《しょうぞくじゅず》と菊房数珠で、前者は房仕立、後者は普通仕立となっている。装束数珠の中でも水晶珠でできたものを本装束《ほんしょうぞく》、他のものを半装束という。僧侶は必要に応じて装束数珠と菊房数珠の両方を用いるが、檀信徒は普通仕立の菊房数珠を使用する。珠の数は百八個を基本に千八十個・五十四個・二十七個・二十一個・十四個など多くの種類があり、大きさもまちまちであるが、基本形の百八個で、手にかけてほどよい大きさの数珠が望ましい。材質も象牙・瑪瑙《めのう》・珊瑚《さんご》・水晶・白檀・黒檀・菩提子・梅など多くの種類があるが、単なる装飾品のような気持でとり扱うことは慎むべきである。

数珠は二環にして左手に持つ。通常は手首にかけるが、合掌と叉手《しゃしゅ》時には二環にして左手の親指と人差指の間にかける。ただし法要中、勧請《かんじょう》・唱題・回向《えこう》のときは一環にして、両手の中指の第一関節にかけ、一度数珠をひねって綾《あや》をつくり合掌する。このときは房が二本ある方を右手、三本ある方を左手にかける。

日蓮宗の数珠

②木鉦《もくしょう》

木鉦は読経・唱題の際に用い拍子をとる仏具である。仏教各宗派はほとんど木魚《もくぎょ》であるが、日蓮宗では木鉦を使用することが多い。欅《けやき》や楓《かえで》などから造られており、音も高く、軽快なリズムを刻む。日蓮宗独自の仏具である。

③団扇太鼓《うちわだいこ》

皮を張り団扇の形をした太鼓で、読経・唱題の際に打ち鳴らす。檀信徒が法要中や御会式《おえしき》などの練行列中に街頭で唱題にあわせて打ち鳴らしたりもする。大変威勢がよく、木鉦とともに日蓮宗独自の仏具である。

開眼供養《かいげんくよう》

家庭に奉安する仏壇・御本尊・位牌・霊簿および仏具等は開眼供養をする。

開眼供養とは魂を入れることである。

御本尊奉安の仏壇は心の誠を捧げる対象であるから、開眼供養は生活の基本となる心の道場に生命を吹き込むことを意味する。

御本尊としてまつる大曼荼羅《だいまんだら》は、久遠《くおん》釈尊の功徳体《くどくたい》であり、言葉をかえれば宇宙の真理である。自分の生かされている生命の源であるから、安易にとり扱うことは絶対に慎まねばならない。

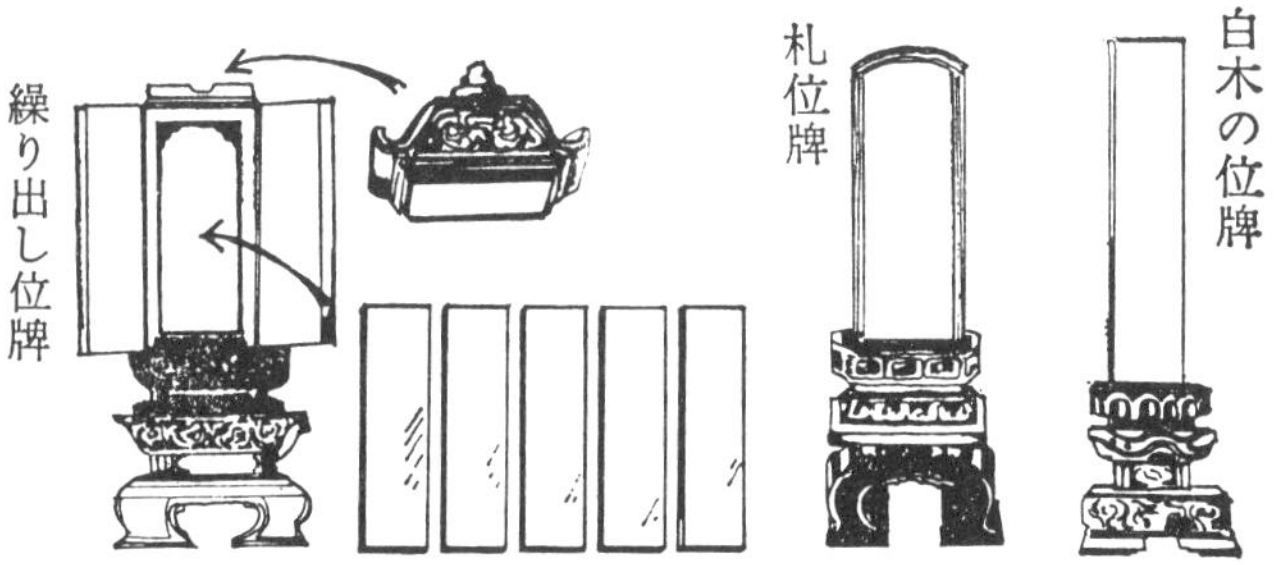

大曼荼羅本尊を新しく奉安する場合は、菩提寺《ぼだいじ》住職に相談することが望ましい。

位牌は先祖の霊をまつるもので、表に法名《ほうみょう》・没年月日、裏に俗名・年齢などを記し、家庭の仏壇のみならず、寺院の位牌堂《いはいどう》にも安置し供養を受ける。

位牌には、法号別になった札位牌《ふだいはい》といくつかの霊をまとめて奉安できる繰り出し位牌がある。主に札位牌が用いられるが、位牌が多くなり仏壇に安置しきれなくなった場合などにくり出し位牌が用いられる。

通夜《つや》・葬儀に奉安した白木《しらき》の位牌は暫定的なものであり、忌中《きちゅう》明けの四十九日が終ったら、正規の位牌に改め、白木の位牌は菩提寺へ納める。

仏壇・位牌、その他の仏具類は仏壇店・仏具店などに依頼すると揃う。ただし、奉安する場所や全体のバランスをよく考えないと、位牌が大きすぎて御本尊が隠れたり、必要な仏具が配置できなかったりするので注意したい。

いずれにしても、新しく御本尊・位牌・仏壇などを奉安する場合は必ず菩提寺住職に相談することが望ましい。開眼供養の段取りもその折に決めるとよいであろう。

第六章　仏事の心得

一、葬　儀

葬儀の意味

死は生涯で最大の苦しみである。永遠の別離は見送る者にとっても身を引き裂かれるほどに辛い。権力を持つ者も富める者も、誰もがこの苦から逃れることはできない。死は等しく生きとし生ける者に必ず訪れる。人は、常に、刻々と死に向かって歩み続けているといってもよいであろう。

そのような人間存在の真実に立脚して、私たちは現在生きていることの本質を見きわめなければならない。

釈尊は人生の苦を見つめて出家しさとりを開かれた。日蓮聖人もまた世の無常を感じて出家し、人間存在の本質を釈尊の教えのなかに覚知された。

死の苦は宗教的救いによって、はじめて克服することができる。信仰に生きる者は永遠に仏の世界に抱かれるのである。

日蓮聖人は南無妙法蓮華経と唱えることによって久遠釈尊の救いにあずかることができると説かれた。その救いは現世も死後も変りはない。法華経信仰者は、死後、霊山浄土《りょうぜんじょうど》におもむき、釈尊とともに生きることができるのである。

葬儀とは、精霊《しょうりょう》を釈尊のましますす浄土へ送る儀式である。遺族は故人の心安らかな旅立ちを祈って葬儀を執行したいものである。

以下、順を追って葬儀の心得を紹介してみたい。

臨　終　人は誰でも平安な死を迎えたいと願う。しかし、死はいついかなる所で訪れるかわからない。誰もが自分だけは大丈夫と思っているのであるが、生死《しょうじ》無常は世の習いである。死期迫った人に限らず、人は常に死を迎える心構えをしていなければならない。

今ここでは通常の場合を例として、葬儀について述べてみよう。

いよいよ危篤《きとく》となると、親族やごく親しい友人・知人に連絡し、遺言があれば書きとどめるなど、臨終をみとる心構えが必要になる。なお、臨終に僧侶を招き、立ち合ってもらうことも大切なことである。

臨終に立ち合った医師は容態を判断し、ついにこと切れたことを確認した上で、臨終を告げる。立ち合った人々の悲しみがいっせいに噴き出す瞬間であるが、これから故人の安らかな旅立ちの準備にとりかからなければならない。

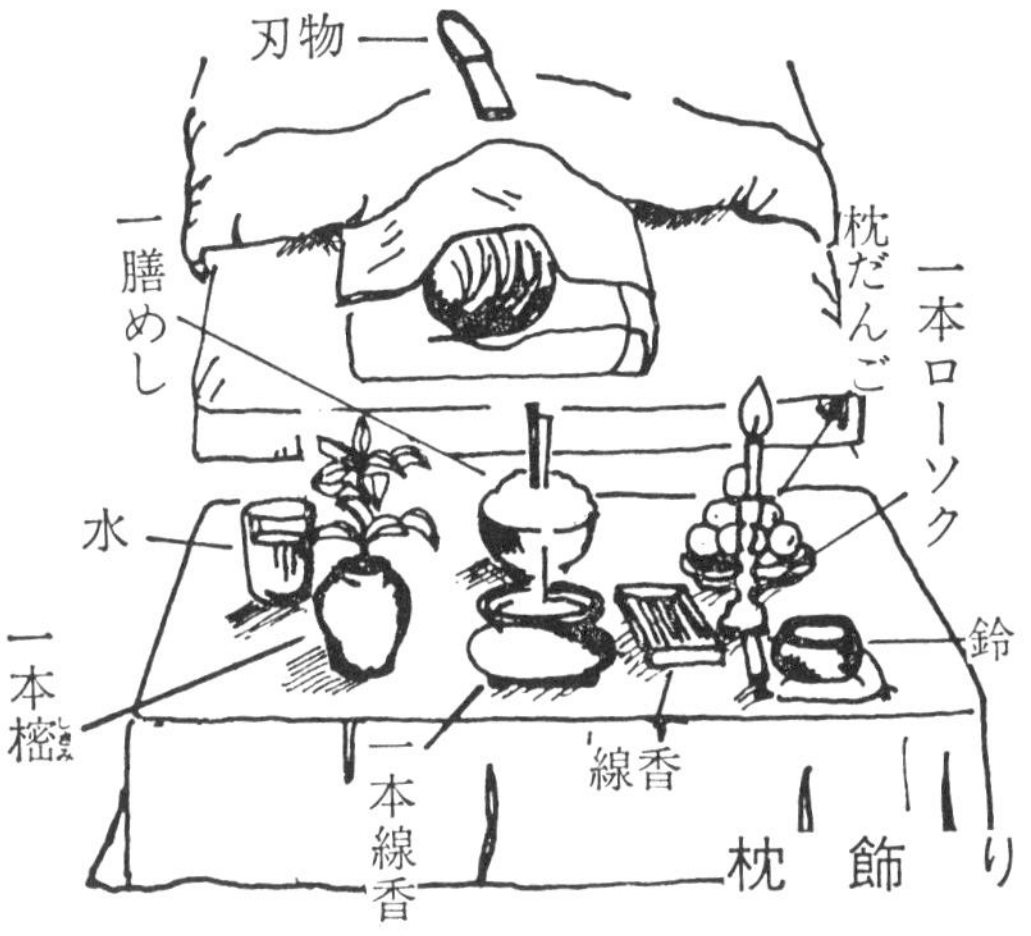

末期《まつご》の水　医師に臨終を告げられたら、小筆、または割箸の先に脱脂綿を巻きつけ白糸でゆわえて、血縁の近い者から順に故人の唇を水で濡らす。最後の水を飲ませるのである。

安置　座敷に故人を安置する。布団の上に、釈尊の入滅にならって、頭を北に向けあお向けに寝かせ、胸の上に両手を組ませ、面布（白布）を顔にかける。ただし、部屋の位置によって、かならずしも北枕にできないこともある。

枕《まくら》飾《かざり》　故人の枕元に供養の壇を設ける。小机に白布をかけ、華瓶《けびょう》（花瓶）・香炉《こうろ》・燭台《しょくだい》を配置し、灯明をともし、香をたき、華瓶には樒《しきみ》を一本飾る。他に、箸を垂直に立てた一膳めし・団子・水などを供え、剃髪の儀式になぞらって刃物を布団の上に置く。団子は米の粉をこねて蒸したものを十個以上、ピラミッド型に積み上げる。

枕頭の壁に臨終曼荼羅《りんじゅうまんだら》をかけ、リン・木鉦《もくしょう》などを用意する。臨終曼荼羅は事前に菩提寺《ぼだいじ》に連絡して拝借するとよい。

湯《ゆ》灌《かん》　遺体をぬるま湯で浄める。最近はアルコールを含ませたガーゼや脱脂綿で拭き浄める例が多い。耳・鼻・口・肛門等に脱脂綿を詰め、男性は髭をそり、女性は薄化粧を施す。なお、病院で死亡した場合は、看護婦によって行われる。

死装束《しにしょうぞく》　故人が旅立ちをする装束を着用させる。経帷巾《きょうかたびら》を着せ、頭布（三角布）を額につけ、六文銭《ろくもんせん》の入った頭陀袋《ずだぶくろ》を首にかけ、手甲《てっこう》・脚半《きゃはん》をつけて、白足袋・草鞋《わらじ》をはかせ、杖をかたわらに置く。両手は胸の上で合掌させ、数珠を持たせる。装束（経帷巾等《きょうかたびら》）には僧侶に依頼して経文を書き入れる。ただし、最近では、装束は遺体にかけるだけとし、経文を書き入れることも少ないようである。できることなら、本人が生前に僧侶に依頼し、経文を書き入れておくほどの心がけが必要である。

枕経《まくらぎょう》

臨終経とも称する。僧侶を招き、故人の枕元で読経し臨終正念《りんじゅうしょうねん》を祈る。なお、この折に、菩提寺住職と遺族と葬儀社が話し合い、葬儀の日程や場所など今後の段取りをとり決めるとよい。

納棺《のうかん》

故人を棺《ひつぎ》に納める。身内の者が中心になって遺体を棺に移し、故人が旅立ちに必要と思われるごく一部の愛用品を一緒に納める。棺の蓋は釘打ちをせず、棺掛をかけて祭壇に安置する。

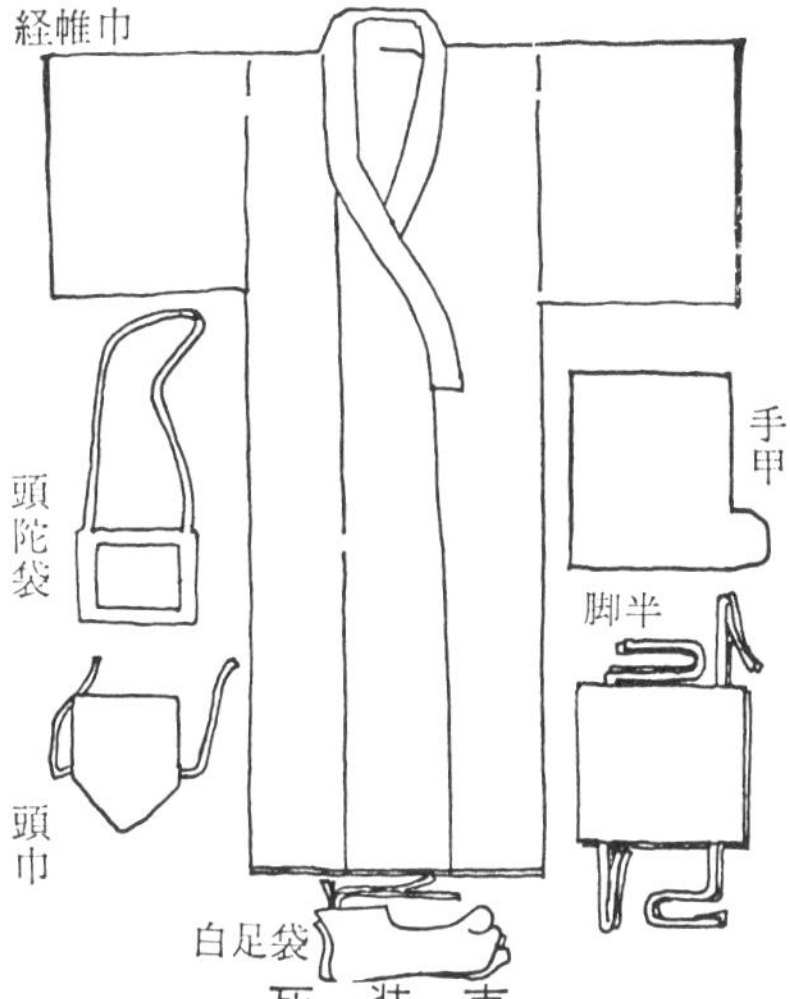

死装束

死亡通知

近隣・仕事関係など、必要と思われる方面に死亡の通知をする。早い時間に葬儀の日程や場所が決定していると連絡もスムースに行く。なお、最近では死亡通知はほとんどが電話や電報であるが、使いを立てる場合は二人で行くのが慣習になっている。

死亡届

家族に死亡者が出た場合、七日以内に死亡届を役所に出すことになっている。死亡届には死亡診断書が必要で、臨終に立ち合った医師に記入してもらう。二種の書類は一枚の用紙になっているので、これを居住地の役所へ持参すれば、日曜祭日でも受付ける。居住地以外で死亡した場合はそれぞれ届出を二通作成し、両方の役所に届け出る。この届出がないと、火葬許可証や埋葬《まいそう》許可証が出ないので、葬儀を円滑に運ぶためには早急に届け出る必要がある。

打ち合わせ　遺族・葬儀社をはじめ関係者が葬儀の規模や役配などの段取りを打ち合わせる。世話係は、帳簿・連絡・受付・案内・接待・炊事・配車・買物など多くの仕事を分担し、とどこおりなく遂行するようにつとめる。

通夜《つや》　通夜は夜を通して故人を見守ることを意味し、遺族は僧侶を招いて故人を弔い、弔問客に答礼する。僧侶は白木《しらき》の位牌に筆で法号を書すが、最近では僧侶が前もって法号を紙に書して持参し、これを位牌に糊付けする例が多い。

通夜の座配は、僧侶が祭壇前中央、祭壇に向かって右側に喪主・遺族・近親者、左側に葬儀委員長・世話人・知人等の順に坐る。ただし通夜の弔問客への答礼のために、遺族の代表者が一般焼香台の近くに坐ることもある。

焼香は喪主を先頭に故人との血のつながりの濃い順に行う。祭壇の前に出る場合は必ず導師

（僧侶）に一礼してから進み、焼香《しょうこう》後も一礼して席にもどる。最近は香炉《こうろ》を回し、坐ったままで順次焼香する（回し焼香）例が多い。一般弔問客の焼香は、法要が開始されたら案内者の指示にしたがい、順次行う。

焼香は、合掌礼拝してから右手の親指と人差指の先で香を軽く摘《つま》み、故人の冥福を祈って三度（三宝供養《さんぼうくよう》）行い、再び合掌礼拝する。ただし、状況に応じて焼香を一度で済ますこともある。

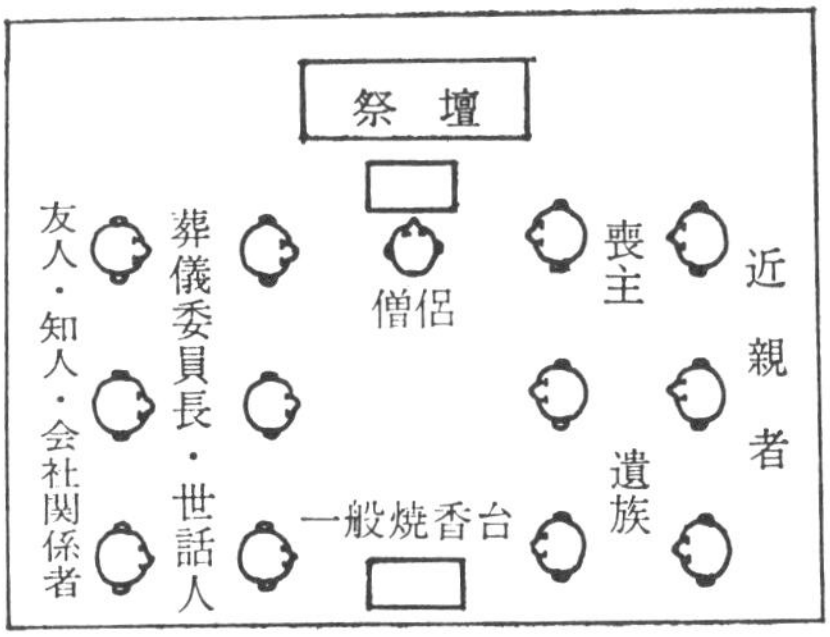

読経が終了したら、僧侶は遺族を慰め、人の死の意味とその救いについて短時間の法話をする場合もある。

読経・法話が終ると弔問客に通夜振舞《ふるま》いをする例が多い。かつては精進《しょうじん》料理であったが、現在では材料などの関係から通常の料理を出すこともある。

葬儀

葬儀は故人を心安く霊山浄土へ旅立たせる厳粛な儀式である。僧侶は事前に係の者と進行や時間の打ち合わせをして式場に臨む。遺族並びに参列者は時間前に着座して僧侶を迎える。

霊前に合掌黙禱《がっしょうもくとう》してから式を開始する。

式の次第は通常の場合、次のとおりである。

道場偈《どうじょうげ》（道場を荘厳し、三宝《さんぼう》を讃える）—僧侶
三宝礼《さんぼうらい》（仏宝・法宝・僧宝の三宝を礼拝する）—僧侶
勧請《かんじょう》（諸仏諸天の来臨を請う）—僧侶
開経偈《かいきょうげ》（経典読誦の心構えを唱える）—僧侶・参列者
読経（法華経の肝要な諸品を拝読する）—僧侶・参列者
呪讃《しゅさん》（法華経を讃歎する）—僧侶
鐃鈸《にょうはち》（鐃を打ち鈸を回して供養を捧げる）—僧侶
開棺《かいかん》（迷いを離れてさとりの世界に到るよう故霊《これい》を諭《さと》す）—僧侶
献供《けんく》（霊膳を供える）—僧侶
献水《けんすい》（水を供える）—僧侶
引導文《いんどうもん》（故霊を釈尊のまします霊山浄土へ導く）—僧侶
弔辞（故人を偲んで惜別の辞を捧げる）—参列者
弔電（弔電の披露）—担当者（司会者）〈出棺時に行う場合もある〉

導師焼香（導師が焼香する）―導師（僧侶）
読経（法華経の肝要な諸品を拝読する）―僧侶・参列者
遺族焼香（読経中、身内の者から案内にしたがって順次焼香）―参列者
御妙判《ごみょうはん》（日蓮聖人遺文の一節を拝読する）―僧侶・参列者
唱題《しょうだい》（参列者も心から題目を唱えて僧侶に和す）―僧侶・参列者
宝塔偈《ほうとうげ》（法華経受持の讃歎）―僧侶・参列者
回向《えこう》（功徳を故人にめぐらす）―僧侶
四誓《しせい》（人々を救う誓いの言葉を唱える）―僧侶・参列者
三帰《さんき》（三宝帰依とその実践を誓う）―僧侶
奉送《ぶそう》（諸仏諸天を送る）―僧侶

読経は、知っているお経であれば僧侶に和して唱える。題目は参列者全員が故人の霊山往詣《りょうぜんおうけい》を念じながら一心に唱えるようにする。

法要が終了したら、全員合掌黙禱し閉式の辞となる。

なお、葬儀と告別式とは基本的には異なる。葬儀は故人を霊山浄土に送り、告別式は故人に別

れを告げる式である。一般には同時に行っているが、正式には別に執り行う。

出棺《しゅっかん》　僧侶が退席したら、お別れの準備にかかる。棺を式場の中央に安置し、蓋をとって最後のお別れをする。身内の者から順に、棺に一膳めし・枕団子を入れ、生花で飾り、次に蓋を閉じて、釘《くぎ》を石で打つ（別れの釘）。その間、僧侶は読経して故人の菩提《ぼだい》を弔《とむら》う。棺の蓋に釘が打ち込まれたら、近親者の手によって霊柩車へ移す。

出棺に先立ち、弔問客に挨拶を行う。喪主《もしゅ》が位牌《いはい》を持ち、故人に近い者が遺影《いえい》を持って整列する。葬儀委員長または遺族代表などが故人の生前の謝礼と遺族への厚誼の依頼を含めて、会葬の礼を述べる。なお、挨拶は葬儀の式の最後に行う場合もある。

挨拶が終ると、火葬場まで見送る者は指定の車に乗る。霊柩車《れいきゅうしゃ》を先頭に僧侶・喪主・葬儀委員長の順に進む。

荼毘《だび》　火葬を荼毘という。火葬場へ着くと棺をかまに入れ、僧侶の読経をいただきながら焼香する。棺に窓が付けられている場合は、かまに入れる前に窓を開けて故人と最後の対面をすることもある。

読経・焼香終了後、控室にさがり、お骨あげを待つ。控室では茶菓を準備し、想い出を語って故人を偲ぶ。喪主に仏事などに関する疑問や心配事があれば、この間に僧侶にたずねたり相談するのもよい。また中陰忌《ちゅういんき》（初七日《しょなのか》から四十九日まで）・百箇日忌《ひゃっかにちき》・埋骨《まいこつ》など、今後の日程を話し合うにはよい機会である。

お骨あげの連絡を受けたら、部屋をかたづけ、かまの前に整列する。かまが開かれてお骨が出されると、火葬場の担当者がお骨を集め、骨壺に納める手配をする。

僧侶の読経のなかでお骨拾いとなる。お骨拾いは二人が一組となってお骨を拾いあげ、渡し箸で壺に入れる。頭・喉仏《のどぼとけ》など主要な部分は担当者の説明を受けて身内の者が拾うようにする。

骨壺は白木の箱に入れ、白布で包む。分骨《ぶんこつ》を希望する場合はあらかじめ連絡しておき、このときに分ける。

お骨あげが終了したら車に乗り、来たときと道を変えて帰宅する。

　帰宅すると白布をかけた小机に位牌・お骨・遺影を安置し、灯明《とうみょう》をつけ、線香を立て、霊膳や水を供える。

骨あげのお経

祭壇前中央に僧侶が坐し、お骨あげの読経をし、舎利《しゃり》となった霊を弔う。なお、このときに、遺族の都合により初七日忌《しょしちにちき》の法要を同時に執り行う場合もある。

精進《しょうじん》おとし

　お骨あげの読経が終ると精進おとしと称して会葬者を接待する場合が多い。本来、精進おとしは中陰忌（四十九日まで）明けに行うが、最近ではお骨あげが終ると会葬者にお礼の意味を込めて食事の接待をする例が多い。喪主は末席に坐り、冒頭にお礼の挨拶をする。

あとかたづけ

遺族は各世話係から報告を受け、事務書類などを受け継ぎ、会葬者名簿の整理や金銭の清算をする。会葬者への礼状は葬儀の日に渡す例が多いが、特に世話になった人や目上の者には挨拶に参上したほうがよい。

菩提寺への挨拶も日を改めて参上し、お礼を述べる。

法号

戒名《かいみょう》・法名《ほうみょう》ともいい、仏の弟子としての名前である。日蓮聖人の教えに導かれ、法華経の信仰に入った者に授与されるのである。本来、生前に受けておくべきものであるが、故人となってはじめて法号を授与される例が多い。

法号は院号・道号・日号《にちごう》・位号《いごう》からなり、信仰の深さと徳の篤《あつ》さを尊称したものである。

院号 道号日号位号
〇〇院〇〇日〇信士

主な位号を挙げると次の通りである。

水子（流産・死産）

嬰子・嬰女（その年に生まれた一歳の男女）

孩子・孩女（二・三歳の男女）
童子・童女（四～十四歳の男女）
信士・信女（十五歳以上の男女）
居士・大姉（成人以上の男女で、とくに信仰心篤く、社会および宗門・寺院に貢献をした者）
大居士（さらに一層信仰心篤く、社会および宗門・寺院に特別の貢献をした者で男性に限る。

院号が〇〇院殿となる）

以上が宗門で定める位号であるが、そのほかに「清信士」「清信女」「清大姉」などが用いられる。

法号は、信仰心、人徳、社会や宗門・寺院への貢献度、先祖や配偶者の法号との釣り合いなど、あらゆる事柄を考慮に入れて菩提寺の住職が授与する。

できるだけ、法華経の信仰を持って生前に法号を受けておきたいものである。故人の場合は、遺族が菩提寺住職に生前のことを話し、故人によくあった法号を受けることが望ましい。

以上、葬儀の手順を紹介したが、これは一例にすぎない。葬儀は地域社会に根づいた儀式であり、その土地によって独特の慣習がある。また、最近は葬儀社があらゆる分野に手を回して遺族の負担を軽くしているようである。したがって右に挙げた事項のいくつかは葬儀社が執り行っていることも多い。

いずれにしても、心が転倒し、かつ慣れないことでもあるので、完全に物事を遂行することは困難であろう。基本的には、故人の安らかな旅立ちを心から祈る気持で葬儀を執り行うことが最も大切である。本義を忘れて形式ばかりを追うことは厳に慎まなければならない。

二、追善法要

追善法要の意味

追善法要《ついぜんほうよう》は先祖の遺徳を讃え、心から冥福《めいふく》を祈って感謝を捧げるものである。単なる行事としてではなく、先祖への礼拝をとおして、自分たちの生命や存在そのものについて確認し、より豊かな人間性を回復するよう心がけたいものである。それが今日の自分たちを築いてくれた先祖に対する真の感謝の表明になるであろう。

追善法要には中陰忌《ちゅういんき》法要・年回《ねんかい》法要・月忌《がっき》法要・墓前《ぼぜん》法要・施餓鬼《せがき》法要など多種あるが、ここでは中陰忌法要と年回法要について紹介してみたい。

中陰忌法要《ちゅういんきほうよう》

中陰とは中有《ちゅうう》とも称し、四十九日までをいう。臨終の日から数えて七日目毎に追善供養を行い、第七回目が四十九日で、忌明《いみあ》けとなる。この七日目ごとの法要が中陰忌法要で、近親者を招き法要を営む。

初七日忌（臨終の日から数えて七日目）
二七日忌（　〃　十四日目）
三七日忌（　〃　二十一日目）
四七日忌（　〃　二十八日目）
五七日忌（　〃　三十五日目）
六七日忌（　〃　四十二日目）
七七日忌（　〃　四十九日目）

七日毎に卒塔婆《そとうば》を建て、四十九日には四十九の小餅をつくり、参会者を接待する。

地域によっては逮夜参《たいやまいり》と称し、前日の夜に法要を営む。この場合は、たとえば初七日忌の逮夜参は臨終の日から数えて六日目の夜となる。

百箇日忌《ひゃっかにちき》法要《ほうよう》

忌日が明けると、次は百箇日忌法要で、臨終の日から数えて百日目に、近親者を招いて営む。中陰忌までは、追われるような気ぜわしさがあるが、百箇日忌になると、気持の上に少しはゆとりができてくるころである。遺族の悲しみも行くところまで行き、涙が止まるころであるので、百箇日忌を卒哭忌《そっこくき》、または出苦忌という。

年回法要《ねんかいほうよう》

年回法要は年忌《ねんき》法要ともいい、年を追って追善法要を営む。

死亡年の翌年が一周忌、死亡年から数えて三年目が三回忌となり、同様に七回忌・十三回忌・十七回忌・二十三回忌・二十七回忌・三十三回忌・三十七回忌・五十回忌となり、その先は五十年毎となる。ただし、地域によっては二十一回忌・二十五回忌・三十回忌・四十三回忌・四十七回忌を営むこともある。五十回忌がすぎるとその先は遠忌《おんき》となる。

第一周忌（死亡年の翌年）
第三回忌（死亡年から数えて三年目）
第七回忌（〃　七年目）
第十三回忌（〃　十三年目）
第十七回忌（〃　十七年目）
第二十三回忌（〃　二十三年目）
第二十七回忌（〃　二十七年目）
第三十三回忌（〃　三十三年目）
第三十七回忌（〃　三十七年目）
第五十回忌（〃　五十年目）

（この先は五十年目毎）

先祖を守ることは自分たちの足元を見つめ、自分たちの生活を守ることであり、さらに、子孫の未来を開き、ひいては正しい信仰生活を通して社会に貢献することである。したがって、命日や年回には追善供養を営み、先祖の冥福を祈って感謝の念を捧げるようにしたい。また、追善供養は命日や年回のときだけに限るものではなく、志に応じて随時営むよう心がけたいものである。

埋《まい》骨《こつ》　遺骨を墓地に埋葬することを埋骨という。七七日忌、あるいは百箇日忌・一周忌に埋骨という例が多いようであるが、墓地や家庭の都合によってさまざまである。埋骨の時期についてのきまりは無いが、家庭に何年もの長期間安置しておくことは避けたい。墓地が無い場合、墓地の手当と墓石の建立までの期間中、菩提寺に預け供養を受ける例もあるが、できることなら、速かに埋葬したいものである。

埋骨のときは、菩提寺または家庭で僧侶の読経を受け、その後に埋葬となる。墓地へも僧侶を招き、回向《えこう》を受ける。

埋葬の業務は石店・石材店などが行うので、事前に連絡し、墓石の蓋の開閉などを行ってもらう。

白木の箱には火葬場で渡された埋葬許可証が入っているので、これを墓地の管理者（菩提寺）

に渡す。

卒《そ》塔《とう》婆《ば》供《く》養《よう》　卒塔婆は梵語 stūpa の音写で、本来、塚・霊廟・方墳を意味し、やがて仏舎《ぶっしゃ》利《り》を安置した塔を指すようになった。卒塔婆は釈尊の遺徳を讃え、お姿を偲ぶものとして、釈尊滅後、インドにおいて盛んに建立されたのである。

追善法要の折、卒塔婆を建て、先祖の冥福を祈るのは、このような由来による。法要時の卒塔婆は、仏舎利塔になぞらえて板を刻んだ略式のもので、上部に五輪（下から地・水・火・風・空を表わす）を刻み、題目を書し、下に法名を記して供養する。

法華経には起《き》塔《とう》供《く》養《よう》を勧奨し、その功徳を讃える文がしばしば見られる。卒塔婆建立の功徳は、釈尊をまのあたりに拝し供養を捧げる功徳に等しい。したがって、年回法要に限らず、志に応じて卒塔婆を建立し、先祖の霊を供養したいものである。

法要時に卒塔婆建立を希望する場合は、あらかじめ菩提寺に依頼しておく。その場合、供養をする先祖の法名《ほうみょう》・供養の趣旨・数・施主名、および法要の年月日を告げる。事前の連絡をせず、法要の直前に依頼すると、法要の開始が遅れ、予定通り遂行することが困難になる上、参会者を待たせ迷惑をかけることになるので注意したい。

第七章　祈りのかたち

檀《だん》家《か》と信徒

日本仏教を支えているのは檀信徒《だんしんと》である。檀信徒とは檀家と信徒ということである。なぜそのように分けるかといえば、周知のとおり、江戸時代に檀家制度が確立し、今でいえば住民票や戸籍に該当するような住民の把握を、江戸幕府は宗門人別帳《しゅうもんにんべつちょう》を提出させることによって行っていたのである。しかも江戸幕府は新しい寺院を建てることを禁止し、また新たな教義を信じることを異義《いぎ》禁止というかたちで禁止した。そのため、いったんある寺の檀家になると、他の宗旨にかわることは許されなかった。そして、個人の信仰が家の信仰とは別に行われることも珍しいことではなかった。昔は主産業は農業であり、したがって多くの寺は地縁的な関係に支えられていた。そうしたことを背景に、先祖伝来の信仰の継承のかたちを檀家といい、比較的個人的な色彩のつよい信仰のつながりを信徒とよぶ習わしが伝えられ、今日に及んでいるといえよう。

しかし、今日では、たとえばアメリカの人口の四分の三は都市に住み、農村の人口は僅かに四分の一になっているという。日本でも地方にまで都市化の波が押し寄せていることを考えると、今後は、意識の変革にともなって信仰の制度に全く変化がないとはいえないであろう。

つまり、日本仏教は家の信仰だということになっているが、実際は、だんだんと個人の信仰との結びつきが重視されて来ているのではないだろうか。

得度式と帰正式

僧侶になるためには、かならず**得度式**《とくどしき》を行う。得度の「度」とは、出家《しゅつけ》することを許可する度牒《どちょう》という認定書を意味するから、得度式とは、直訳すれば、僧侶として認定を受ける儀式ということになる。日蓮宗では、得度式は出家の儀式として師《し》僧《そう》のもとで行い、度牒下附式は一定の日時を定めて日蓮聖人出家の霊場、清澄寺で行っている。毎回、十一歳ほどの少年から中年・壮年にいたる百名ほどの人が度牒下附を受ける。度牒を受ける前は袈裟《けさ》・法衣《ほうえ》を着けることは許されず、頭髪を剃《そ》り青々とした頭で白衣だけ着けている光景は壮観である。この式を契機として、それぞれの寺院で修行し、また宗門関係の教育機関で勉学し、教義の理解が認められると、はじめて信行道場《しんぎょうどうじょう》での修行が許可される。そうして僧階（僧侶としての階級）を受けて正式に日蓮宗僧侶として認定されるのである。

帰正式《きせいしき》は、一般の檀信徒が入信を誓う儀式である。先ほど述べたように、おのずから入信を誓い、あるいは父母の信仰を継承するということで、あらためて儀式を行わない場合も少なくないが、福岡県の本仏寺をはじめとする寺院で、毎月あるいは随時、入信式を行っているところもある。

得度式は、戒《かい》師が二人の阿闍梨《あじゃり》の補佐によって、得度の趣旨を御本尊の前に奉告し、日蓮聖人の祖訓《そくん》を朗唱し、剃髪して白衣を着けさせ、戒を授けて出家の誓いを確かめ、次いでお経（法華経）と日蓮聖人の御遺文を授与する。さらに法衣、法名《ほうみょう》、念珠《ねんじゅ》を授けられた得度者は父母にこれまでに育《はぐ》くまれた恩に感謝し、今後はひたすら法華経の教えに生きて、真実の報恩を志すことを誓うのである。仏道の修行を誓う厳粛な儀式である。今、奉告文のうちの一節を紹介してみよう。

> 方今《ほうこん》日本国に善男子あり、〇〇（氏名）と曰《い》う。嘗《かつ》て菩提《ぼだい》心を発《おこ》し、上求下化《じょうぐげけ》を以て自奮自任し、早く親族の塵累《じんるい》を離れ、茲《ここ》に叢林《そうりん》の清規《しんぎ》に預かること星霜幾年、更に懈倦《けけん》無く発心《ほっしん》愈々《いよいよ》切《せつ》なり。謂《いい》つべし宿善《しゅくぜん》内に発し機縁外に催すものか。爰《ここ》に本年本月本日遂に出家沙弥《しゃみ》の形と成り、俗服を脱して清浄の法衣を着し、本門法華の三帰戒《さんきかい》を受けんと欲す、因《よ》って俗称を改めて〇〇（新たに授けられた法名）と曰《い》う。

前述した帰正式は一般の人が、社会生活を営みながら、法華経の信仰に入り、その道をつらぬきとおすことを誓うのであって、得度式にならい、まずその趣旨を御本尊の前に奉告し、信仰の誓いを確かめ、日常の礼拝のため御本尊を授与する式次第になっている。

他山の石を見て己を知るという諺《ことわざ》があるが、ヨーロッパの修道院に行き、そこで出家を誓う儀式に立ち合って、七百年前に日蓮聖人が清澄寺で出家した様子をまざまざと脳裏に描いて、涙がとまらなかったM師の告白を聞いたことがある。あらためて、信仰の誓いの重さを思わずにはいられない。

契約の思想とおのずからの思想

キリスト教が、入信の儀式として洗礼を行うことは周知のことである。それに対して仏教では、新たに檀家になるといっても、あらたまった式を行わない方が多いといってよいだろう。これは結婚式のやり方ともつながっているところがあるように私は思っている。日本の伝統的な結婚式、古来の先祖の前で行う式や神式、そして仏式は、いずれも新たに夫婦のちぎりを結ぶ二人はおのずから夫婦になるべく予定されていたという思想にもとづいている。それに対して、キリスト教式はヨーロッパの契約の思想にもとづいており、神の前で花嫁の父から花婿が花嫁を譲り受けるという契約を行うのである。

日本人の生活は、農村共同体的な志向から都市的・契約的志向にしだいに変化しつつあるのだろう。

仏教の儀礼はもともと共同体的なおのずからの思想に支えられ、今日ではそれは、むしろ慣習法的なものとして受け取られているように思われる。しかし、仏教の儀礼の根本には、「誓い」から出発するという祈りがあるのである。そのことをはっきりと認識しなければならないと思う。

唱題受持が信行の根本

修行の意味をたずねると、仏法をおさめ善事を行うこと、托鉢《たくはつ》して歩くことであるという。私たち日蓮宗徒にとって、宗教生活は祈りそのものであろう。それは限りなき誓いから生まれるものである。あの、清澄山の旭が森からはるか東の海と空が一体になったあたりに向かって堂々とお題目を唱えてそびえ立つ日蓮聖人のお姿こそ、私たちの祈りの基本となるものであろう。そうした祈りと誓いの生活を、私たちに即してふりかえるならば、いろいろなかたちがあると思う。思いつくままにそのかたちを考えて見ると、次のようなかたちとして表わされると思う。

一、お題目を唱え、お経《きょう》を読誦《どくじゅ》する行《ぎょう》
二、身延山をはじめ日蓮聖人の霊蹟への参詣
三、霊地や街頭で団扇《うちわ》太鼓を打ってお題目を唱える行
四、寒中に水を浴び、あるいは滝に入って身心の蘇活を祈る行

このほかにもいろいろな行のかたちがあるであろう。もともとは日蓮聖人の教えは、法華経の

救いを信じることがすべてであるという教えである。であるから、「但信無解《たんしんむげ》」といって、ひたすら信ぜよ！　知識は無用である！　というのである。また、「以信代慧《いしんだいえ》」といって、純粋な信が万巻のお経を勉強して到達した仏教の智慧にとって代《かわ》るというのである。したがって私たちがまず心がけなければならないのは、純信にお題目を唱えて法華経の救いを念ずることである。お経を読誦《どくじゅ》することもこれと同様である。

けれども、人間というのは不思議な存在で、身心を苦難にぶつけてはじめて自分を確かめることができることがある。また、考えられないような寒さや暑さに身心を抛《なげう》つことによって、かえって日常生活を離れた心の安らぎを得ることができるものであるようである。ともかく、日常的なリズムから離れたところに自分を置いて、自分という存在を無にすることによって安らぎを確かめることができるものなのである。

題目講と題目踊り

近代日蓮主義といわれるように、明治以降、維新政府の宗教政策とともに、日蓮宗は国家主義的な志向に覆《おお》われ、土着的な信仰行事は忘れ去られて行った観がある。それに対して、最近ふたたびこうした信仰行事が発掘されて来た。**題目講**というのは、読者諸氏も見聞されていることと思うが、それぞれの地域で法華経信仰のグループをつくり、一定の日を決めて法華経を読誦し、お題目を唱える講である。この講は、日蓮聖人の往時には集会（すえ、しゅえ）などとよばれていた。第一章でも述べたように、日蓮聖人ご在世の時代にも、すでに（天台）大師講や八日講などの集まりが各地にあったのである。日蓮聖人の入滅後には、そのご入滅の日を記念して行われる十三日講《じゅうさんにちこう》などが開かれ、そうした無数の講が日蓮聖人の教えを弘めて行ったのである。時代を経て、今日でも、各地に題目講がもたれ、日蓮聖人のご入滅の日を期して十三日講が開かれているのには、こうした数百年の歴史があるのである。今日でも千葉県下の大題目講など、各地の題目講を集結した題目講を行っているところもある。

そして今日では、小さな地域の範囲だけの集まりではなくて、さまざまの縁による信仰の集会が開かれているが、その精神はあくまで一つであり、信仰を一つにする法華経信仰者が相い集って、一緒にお題目を唱え、法華経を読誦し、信仰をたかめ合うのである。

そうしてまた、日蓮聖人の御生涯を唄いあげる題目踊りの行事も、青森県・千葉県勝浦・京都市松が崎などの各地に伝えられ、庶民のなかに息づいている。

霊跡《れいせき》への参詣

今日では旅行はごくあたり前のことになってしまったが、昔はなかなか大変なことであったらしい。日蓮宗の霊跡は、第一章で述べたように、日蓮聖人が教えを弘め、またそのため法難にあったところである。それらの霊跡のすべてを、かならず一生涯に一度は参詣したいというのが日蓮宗の檀信徒の共通した願いであった。落語の「鰍沢《かじかざわ》」は江戸の町人が身延山にお詣りした帰りに遭遇する事件である。昔の知り合いの女にめぐり会って少しばかり心を許したばかりに、女と一緒にいる男に殺されそうになり、逃げるのを追いかけられるうち、断崖から落ちてしまう。これで一生も終りと思ったが、川に流れる材木の上に落ち、一命を助かる。「一本のお材木（お題目）で助かりました」というのが噺《はなし》のさげ（おち）である。「お材木」と「お題目」がかけ言葉になっているわけである。

これはあくまで噺であるが、今でこそ鉄道や自動車で比較的簡単に行ける身延山も、昔は決して楽に行けるところではなかった。徒歩の時代でなくなっても、その昔には、甲府まで汽車で行き、そこから少し富士川沿いに下って、鰍沢あたりから舟で富士川下《くだ》りをし、大野山本遠寺《おおのさんほんのんじ》辺で上《あ》がって、身延山まで歩くのであった。

現在では、身延山奥の院へはロープウェーで行くことができるが、身延山の鎮守《ちんじゅ》である七面山《しちめんざん》まで行くには、徒歩で奥の院を越えるか、乗物で角瀬《すみせ》近くまで行くかは別として、赤沢の上流、白糸の滝から必ず徒歩で上《のぼ》らなければならない。通称、五十丁の山道を上るのは健脚の人でも楽ではないが、その道を八十歳の老婆がお題目を唱えながら、ゆっくりゆっくり上《あ》がって行く姿はまことに尊く感じられる。隊列を組んで団扇《うちわ》太鼓《だいこ》をたたきながら行く人たちもある。

そこまで行かなくとも、たとえば、身延山に詣でて、早朝、朝の勤行《ごんぎょう》のために本山への坂道を進んで行く。山々に団扇太鼓の音とお題目を唱える声がこだまして、冷気のなかにお山の霊気《れいき》を感じて心が洗われるような思いにひたるのである。一例として総本山身延山を挙げたが、日蓮聖人御霊跡に参詣すると何か心が洗われるのである。

撃鼓唱題《ぎゃつくしょうだい》の修行

太鼓を撃《う》ちながらお題目を唱えて行進することを撃鼓唱題という。冬になると、寒修行《かんしゅぎょう》が行われるが、僧侶と老若男女の信徒とが、ともに団扇太鼓を撃ち、唱題の修行をするのである。これは寒修行のときだけでなく、さまざまな機会に行われる。最近では交通事情のために、日蓮宗の伝統である撃鼓唱題の修行の姿があまり見られないのは残念であるが、池上《いけがみ》本門寺（東京都大田区）のお会式《えしき》をはじめ、各地でのお会式には伝統的な行事として行われる。日蓮宗の系統をひきながら独特の活発な活動をしている日本山妙法寺大僧《だいそう》伽《ぎゃ》の僧俗が、あるいは一人で、あるいは大勢で太鼓を撃ってお題目を唱えているのは同じ伝統から出発しており、日本山妙法寺山主藤井日達師の独特な主張と体験にもとづくものである。昭和五十六年十月十三日に相当した日蓮聖人第七百遠忌を記念して、日蓮宗青年会僧侶が北は北海道網走から、南は沖縄の那覇から、リレー式に隊列を組んで撃鼓唱題を行い、日蓮聖人御入滅の聖地、池上本門寺に集結した感激と興奮は、関係者には永久に忘れることのできぬものであろう。

浴水の修行

日蓮聖人の孫弟子である日像上人《にちぞうしょうにん》は、帝都（京都）への法華経弘通をめざし、身心錬磨のために寒一百日、鎌倉の海中に入って法華経を読誦した。そのようなところから、現在の日蓮宗大荒行《あらぎょう》にいたる浴水の修行が伝えられ、今日では日蓮宗の特色ある修行の一つとなっている。もともと寒中に水をかぶることは、古人が身心の清浄をはかり、錬磨を試みるために行ったもので、近江《おうみ》聖人《せいじん》とうたわれた中江藤樹の伝記にも語られることである。

日蓮宗では一般の信徒が浴水する修行を格別に定めているわけではない。しかし、真剣にお題目を修行し、己《おのれ》の生命力を蘇《よみがえ》らせることを念じて寒中に水をかぶる人がある。また、山中で滝にうたれる人もある。前述の七面山の入口にある白糸の滝にうたれる人の姿をよく見かける。浴水の修行については、そのようなわけで、日蓮宗信徒の修行のかたちとして定めるものではない。むしろ自発的に行っている様子を若干紹介するのみにとどめたい。なお、浴水の修行をする場合には、一定のトレーニングとやりかたをふまえないと身体をこわすおそれがあるので充分に注意を要する。

唱題と読誦

以上、思いつくままに日蓮宗で伝統的に行われている修行の方法を挙げてみた。修行というと何かわれわれに縁遠い感じがするが、いずれも一心に法華経に祈り、お題目を唱えるための〝祈りのかたち〟であるという意味で挙げてみたのである。

日蓮聖人はこうした〝祈りのかたち〟を特に定めているわけではない。むしろ、日蓮聖人にとっては、法華経の救いは末法の衆生《しゅじょう》（人々）のためにさんさんとふりそそいでいるのであって、それを妨害するものを批判し取り去るために法華経に予言されている法難にあうことが、そのまま法華経信仰をつらぬくことであった。

日蓮聖人御入滅後のお弟子がたもこうした精神を継承し、さまざまな法難にあった。たとえば、なべかむり日親《にっしん》上人（一四〇七―一四八八）は毎日、京都一条戻橋《もどりばし》のたもとで街頭説教をつづけた。そして、そのために足利幕府にとらえられ、五寸（十五センチ）の釘が出っぱっている四尺五寸（一・三五メートル）四方の籠のなかに押し込められるという悲惨な目にあった。さらに、真赤に焼けた鍋を頭からかぶせられたという苦難にあいながらも法華経の教えを弘めつづけた。

そうした歴史を思い起こし、それを励みとしながら法華経の実践修行につとめるのが日蓮宗の僧侶と信徒との心がまえであった。そのために、江戸時代にはたとえば法華経を三万六千部読誦した上総《かずさ》興津妙覚寺日嶝をはじめ、紀州本久寺日玄・京都妙顕寺日春・越後高田常顕寺日遖など、いずれも数万・数千部の法華経を読誦している。またそれは僧侶だけではなかった。たとえば徳川光圀（水戸黄門）は法華経を写経し、その祖母である徳川家康の側室・養珠院《ようじゅいん》お万《まん》の方《かた》はお題目修行につとめた。そうして、一万遍のお題目を唱えると、法華経一部八巻のすべてを読誦したのと同じ功徳を積んだとしてよろこび、生涯をとおしてお題目を唱えつづけたという。

唱題と瞑想

お題目を唱えることは、布施・持戒・忍辱・精進・禅定・智慧という六波羅蜜《ろくはらみつ》の修行をすべてそのなかに含んでいることである。であるから、六波羅蜜の修行を六項目に分けて修行しなくても、お題目の修行をすれば、全部がそれにつつまれるのである。けれども、そのように真剣にお題目を唱える心を持ちつづけることは決してたやすいことではない。

そうしたことから、その精神を実行するために昔のお坊さまはいろいろなふうに努力をかさねた。そうした流れの上に、今日、日蓮宗が行っている唱題行《ぎょう》というかたちがある。唱題行は、お題目を唱えることによって、自己の心の奥深く浄い心を求め、お釈迦さまのお示しになられる仏《ぶっ》性《しょう》(仏陀となる性質)を求め、洗い出して行こうとする修行である。これは故湯川日淳上人が工夫してうちたてられたもので、およそ次のような段階を追って修行をすすめて行く。

一、礼拝　仏陀《みほとけ》の前にひれ伏して尊敬を表わす。
二、道場観　このところにおさとりの道場を見出《いだ》す。
三、本門三帰

南無久遠実成《くおんじつじょう》本師釈迦牟尼仏
南無平等大慧《びょうどうだいえ》一乗妙法蓮華経
南無本化《ほんげ》上行《じょうぎょう》高祖日蓮大菩薩

と唱え伏拝する。

四、浄心行　法界定印《ほっかいじょういん》を結び、出入の息に念慮を集中統一して心の散乱を調える。

五、正唱行　合掌印に移り、南無妙法蓮華経と六拍子の木鉦《もくしょう》、太鼓に合わせて恭音朗唱する。

六、深信行　法界定印に移り、出入の息に心を調え、黙坐瞑目して妙益を念ずる。

七、祈願行　お釈迦さまの救いをいただくことをお祈りする。

八、四弘誓願《しぐせいがん》　すべての人々を救う仏陀《みほとけ》の誓いに心をよせる。

九、受持　今身《こんじん》より仏身にいたるまで、よくたもちたてまつる、南無妙法蓮華経と三度唱える。

十、礼拝　仏陀《みほとけ》の前にひれ伏して感謝の心にひたる。

こうした一定のかたちになったのは湯川上人の努力によるが、その淵源をたずねると、深草の元政上人《げんせいしょうにん》（一六二三―一六六八）はお題目の心をたずね、今もその庵を身延山中に伝える本妙日臨上人（一七九三―一八二三）は、一間《いっけん》（一・八メートル）四方の穴のなかに入って、俗世間の雑音を断ったところで修行したと伝える。こうした努力の積みかさねの上にかたちづくられた修行なのである。

大荒行の祈り

日蓮宗僧侶の修行として最近、写真集やテレビなどで人々の関心を集めているのが日蓮宗大荒行《だいあらぎょう》である。前にも述べたように、一般信徒のなかにも浴水の行《ぎょう》が行われているが、この日蓮宗大荒行は日蓮宗寺院の住職または教会の担任の経験を有する僧侶（またはそれに該当する資格を持つ僧侶）で特別に志願した者が行う修行である。大荒行とよばれるように、十一月一日から翌年の二月十日にいたる、正味百日間に入行・出行の両日を加えた期間、一日二回、僅かの〈おかゆ〉を食べて飢えをしのぎ、夜明け前から深夜まで寝る間もなく読経と浴水に明け暮れるのである。一日の日課は晨朝三時に第一回の水行《すいぎょう》（浴水の行）を行い、以後、午後十一時にいたるまで、ひたすら法華経一部《いちぶ》（一部八巻の全部ということ）の読誦と一日七回の浴水をくりかえすのだという。大荒行は入行の年を追うごとに初行・再行・参行・再再行・五行と行を積みかさね、五行で成満し、その後の入行者は参籠とよぶ。これらの入行者を指導するのが伝主・伝師と数名の副伝師である。現在は、千葉県市川市の中山法華経寺山内に日蓮宗加行所《けぎょうしょ》（一般には大荒行堂ともよぶ）が置かれている。かつて日蓮聖人の孫弟子（日朗上人の高弟）の日像《にちぞう》上人は、日蓮聖人から遺命を受けた帝都開教（京都への布教）を行う決意を固めるため、正応四年（一二九一）の十月から毎夜、鎌倉由比ヶ浜の寒風に身をさらしてお自我偈《じがげ》を百巻ずつ読誦して、いかなる試練にも耐えられることを祈ったという。こうした宗門古来の激しい修行が伝わって、しだいに今日にいたる大荒行の方式が伝えられるにいたったのである。江戸時代の学匠優陀那《うだな》日輝《にちき》和上《わじよう》は、祈禱は自行《じぎよう》を目的として行えと教示している。今日、毎年二百名前後が日蓮宗大荒行に入行しているが、青年僧侶たちは自身の信仰を錬磨するために志願して入行しているのである。

祈りと神秘

信仰にはかならず神秘ということがともなって来る。日蓮聖人の伝記自体にもさまざまな神秘が語られている。それでは、法華経の信仰にはかならず神秘がともなわなければならないのであろうか。また逆に、神秘は決して許されないものなのだろうか。

法華経のなかでも最も肝要な章である如来寿量品《にょらいじゅりょうほん》第十六には、「如来の秘密神通の力は」という経文があり、如来神力品第二十一には「諸仏の神力はかくのごとく無量無辺にして不可思議なり」と示されている。こういうお経を拝誦すると、仏陀釈迦牟尼世尊《みほとけしゃかむにせそん》の大いなる神通力が讃えられていることがよくわかる。これと同じようなお経もあり、日蓮宗系の教団に所属する信徒、またどこにも所属しないが法華経を信じている人も、これらのお経を誦えて幸福《しあわせ》を祈り、あるいは祈られた経験を持っていることと思う。

ところで神秘とはどういうことだろうか。その一般的な意味は、人智では量り知ることのできないこと、また普通の理論や認識を超越した事柄であるとされる。いわゆる神秘主義になると、内的直観によって絶対者（神）の実在を直接に体験し、さらにこれと交感しようとする深みに入ってしまう。

私たちにとって、人生とは量り知ることのできないものであることが人生経験をかさねるごとにわかってくるのが一般であろうが、苦しいなかで藁《わら》をもつかみたいときには、ささやかな異常体験がもの凄《すご》く大きく見えることがあるといわれる。どうも、神秘という言葉には、いささかそうしたうさんくささがつきまといがちである。しかし、ほんとうの神秘はそんな小さなものにとどまるものではないのではないか。

私たちは、私たちをとりまく日常生活や社会生活では、ずいぶん辛い苦労も乗り越えて来ている。そうした経験を踏まえると、人生で最も大切なことは一時的な充足でなくて、長いサイクルを見通した上で幸福《しあわせ》をつかむことである。目の前のおにぎり一つと自分の生命をひきかえにする人生だってあるわけだが、それではあまりにも悲しすぎる。小さな犠牲を数多く払っても、人生を強く生き通し、理想をつらぬいて行く人生ほど素晴らしいものはないのである。

神秘ということは、われわれが位置づけをするのに困惑するところだが、この例から類推して行くと、手品のような神秘な現象をとり出して見せられることよりも、私たち一人一人が生命の不思議にめざめ、大らかな幸福の道を歩む心を起こすところにこそあると思う。病気を信仰によって助けられる人生もある。人生の絶望を信仰によって救われることもある。それも神秘に関わるところがあるだろう。しかし、私たちはそれらを通して、人生の不思議にめざめ、大いなる生命に生かされている喜びを噛みしめねばならぬと思う。それこそが如来《にょらい》《みほとけ》の神通力をいただいて生きる信仰の人生なのである。

第八章　ふれあいの寺々

一、霊跡参拝

法華経広布《こうふ》に生命をかけて忍難慈勝《にんなんじしょう》の生涯をおくった日蓮聖人を偲び、その遺跡を参拝することは、日蓮聖人の教えに導かれて生きる者にとって必然の願いであろう。それはみずからの信仰の確信を得ることにも繋がっている。

法華経を担い、釈尊の教えのなかで主体的に生きた日蓮聖人は、今もなお、人々の心に力強く語り続けている。霊跡参拝は、日蓮聖人との対面であり、心の対話である。聖人の息吹に触れながら、参詣者は聖人のなかに自己を見出し、より一層信仰を深めていくことであろう。

日蓮聖人の霊跡は、多くの先聖の努力によって護持され、今日に伝えられてきた。各霊跡には、それぞれの時代の人々が情熱を燃やした信仰の歴史が刻まれている。私たちはその伝統の灯を継承して、一層の護持顕彰と信仰の増進につとめ、誇りをもって後世の人々に伝えたいものである。

日蓮宗の霊跡は広く日本全国にわたり、各地域の伝承をも含めると厖大なものとなる。ここでは祖山・霊跡・由緒寺院を都府県別に紹介してみたい。

①東京都

長栄山本門寺　大田区池上。池上線池上駅。

霊跡寺院。日蓮聖人入滅の霊跡。祖師像は、六老僧日持《にちじ》等の発願《ほつがん》により中老僧日法《にっぽう》が造立、右手に日蓮聖人の母妙蓮尼《みょうれんに》の頭髪によって作られた払子《ほっす》を持つ。

日円山妙法寺　杉並区堀ノ内。中央線高円寺駅。

由緒寺院。厄除《やくよけ》の祖師として名高い。祖師像は、六老僧日朗《にちろう》が、日蓮聖人伊豆法難のとき、聖人を偲んで浮木から刻んだもので、日蓮聖人が開眼されたと伝える。

②神奈川県

長興山妙本寺　鎌倉市大町。横須賀線鎌倉駅。

由緒寺院。日蓮聖人の檀越比企《ひき》大学三郎能本が自邸を聖人に寄進し寺院としたもので、「三大祕法最初転法輪道場」とも称される。昭和十五年までは、両山一主の制がひかれ、貫首は妙本寺と池上本門寺の両寺を兼ねた。

寂光山龍口寺　藤沢市片瀬。江の電江の島駅。

霊跡寺院。日蓮聖人の龍口法難の霊跡。中老僧日法が、日蓮聖人滅後刑場跡に「敷皮堂」を建立したのがはじまりと伝える。明治十九年までは片瀬・腰越八ヵ寺が一年ごとの輪番で護持していた。

妙厳山本覚寺　鎌倉市小町。横須賀線鎌倉駅。

由緒寺院。日蓮聖人が佐渡配流から帰倉された折滞在されたという夷堂《えびすどう》の故地に、一乗院日出が建立。身延山久遠寺第十一世行学院日朝が、日蓮聖人の御真骨を身延から分骨したところから「東身延」と称する。

法華山本興寺　横浜市戸塚区上飯田町。横須賀線戸塚駅。

由緒寺院。日蓮聖人が鎌倉辻説法の折休息された地に、弟子天目《てんもく》が創建し、休息山と号した。その後、玄妙阿闍梨《あじゃり》日什《にちじゅう》により法華山となり、万治三年(一六六〇)、現在地に移った。

明星山妙純寺　　厚木市金田。小田急線本厚木駅。

由緒寺院。龍口佐渡法難の折、日蓮聖人が預けられた本間六郎左衛門重連《しげつら》の館跡に、日善によって創建された。星下りの霊場。

③千葉県

小湊山誕生寺　　安房郡天津小湊町。外房線安房小湊駅。

霊跡寺院。日蓮聖人生誕の霊跡。聖人の母堂妙蓮尼の蘇生延寿を縁とし、弟子日家《にけ》によって創建。しばしば災害にあいそのつど、移転復興された。近くに、日蓮聖人の両親の墓所、両親閣妙蓮寺がある。

千光山清澄寺　　安房郡天津小湊町。外房線安房天津駅。

霊跡寺院。日蓮聖人出家得度と立教開宗の聖地。もと天台宗であったが徳川時代に真言宗に転じ、昭和二十四年、日蓮宗に帰属した。立教開宗の聖地旭《あさひ》が森・日蓮聖人の旧師道善御房の墓所などがある。

小松原山 鏡忍寺

鴨川市広場。外房線・内房線安房鴨川駅。

霊跡寺院。日蓮聖人小松原法難の霊跡。法難の折殉死した工藤吉隆《よしたか》と鏡忍房《きょうにんぼう》の霊を弔うために吉隆の子日隆が創建、妙隆山鏡忍寺と称した。その後、小松原山と改められた。

正中山 法華経寺

市川市中山。総武線下総中山駅・京成線中山駅。

霊跡寺院。日蓮聖人が松葉谷法難を逃れて下総へ難を避けたとき、檀越富木常忍《ときじょうにん》が聖人のために建立した法華堂を起こりとする。同じく檀越大田乗明が館を寺院として正中山本妙寺を創し、後に両寺を合して正中山法華経寺となった。

真間山弘法寺

市川市真間。総武本線市川駅。

由緒寺院。もと天台宗であったが、富木常忍と日頂《にっちょう》が弘法寺住職了性と法論し日蓮宗に改宗した。天平九年(七三七)、行基菩薩によって開かれた名刹で、当初、求法寺と称した。後に弘法大師空海によって真言宗となり、さらに天台宗に変り、常忍と日頂の努力により日蓮宗となった。

長谷山本土寺

松戸市平賀。常盤線北小金駅。

由緒寺院。下総の領主陰山土佐守が日蓮聖人に帰依し、法華堂を建立したのがはじまりで、日朗を開山とする。日朗・日像・日輪誕生の地。広大な境内は深い樹木におおわれ、最近は「あじさい寺」とも称し、花の季節には参詣者で賑《にぎわ》う。

広栄山妙覚寺

勝浦市興津。外房線興津駅。

由緒寺院。興津城主佐久間兵庫守重貞が日蓮聖人に帰依し、出家して日円と名乗り、妙覚寺を開いた。中老僧日保・日家は日円の子。日蓮聖人が重貞の疫病平癒を祈った姿を刻した「布びきの祖師」を奉安する。

正東山日本寺

香取郡多古町南中。総武本線八日市場駅。

由緒寺院。中山法華経寺第三世日祐隠棲の地。中山法華経寺開祖常修院日常《にちじょう》を開基とする。飯高檀林《いいだかだんりん》第四世能化《のうけ》であった第十五世日円の代に学徒を集めて檀林を開いた。慶長三年（一五九八）のことで、これが中村檀林の起こりである。

妙高山正法寺

山武郡大網白里町小西。外房線大網駅。

由緒寺院。小西城主原能登守胤継が館を寺とし、平賀本土寺第九世日意を迎えて開山とした。第七世日悟の代に学徒を集めて檀林を開いた。天正八年（一五八〇）のことで、これが小西檀林のはじまりである。

長崇山妙興寺

千葉市野呂。総武本線千葉駅。

由緒寺院。日蓮聖人の檀越曽谷教信の子、曽谷四郎左衛門直秀（道崇）が大受阿闍梨日合を開山に迎えて創建したもので、大坊本行寺を退出した中妙院日観（不受不施僧）の代に学徒を集め檀林を開いた。慶長元年（一五九六）のことで、これが野呂檀林のはじまりである。

常在山藻原寺

茂原市茂原。外房線茂原駅。

由緒寺院。立教開宗後の日蓮聖人が、土地の豪族斉藤遠江守兼綱を教化したことを起源として、建治二年（一二七六）、日蓮聖人の命を受けて六老僧日向《にこう》が創建。はじめ常楽山妙高寺と称したが、後、藻原寺と改めた。「題目初唱の霊場」「東身延」とも称される。

④茨城県

靖定山久昌寺

常陸太田市新宿町。水郡線常陸太田駅。

由緒寺院。水戸光圀が母久昌院靖定夫人の菩提を弔うために創建、禅那院日忠を迎えて開山とした。光圀は学徒の育成にも力を入れ、寺内に久昌寺檀林を設け、後に、これを整備して三昧堂檀林とした。

⑤栃木県

開本山妙顕寺

佐野市堀米町。両毛線佐野駅。

由緒寺院。中老僧天目《てんもく》が唐沢城主佐野家と家老の若田部源五郎光盛の帰依を得て開創。山号寺号は「本国土妙一時開顕」の意を表わす。天目が日向より授与されたと伝える「天目願満の祖師」を奉安する。

⑥福島県

宝光山妙国寺

会津若松市一箕町。盤越西線会津若松駅。

由緒寺院。顕本法華宗祖玄妙阿闍梨日什生誕・入滅の地。日什の弟子日仁が、師範の廟前に庵を創し、これが後に、妙国寺となった。

⑦宮城県

光明山孝勝寺

仙台市東九番町。東北新幹線仙台駅。

由緒寺院。永仁三年(一二九五)、中老僧一乗阿闍梨日門が開創。光明山大仙寺と称したが、後に仙台藩主伊達忠宗の室孝勝院秀岸日訊の帰依を得、善勝寺と改めた。孝勝院没後、嗣子綱宗は母の菩提を弔い、孝勝寺と寺号を改めた。代々、藩主伊達家の外護を得て発展した。なお、宗門の歴史をつづった日潮《にっちょう》の『本化別頭仏祖統紀《ほんげべつずぶっそとうき》』は、享保五年(一七三〇)、孝勝寺の丈室で完成した。

⑧山梨県

身延山久遠寺《みのぶさんくおんじ》

南巨摩郡身延町。身延線身延駅。

祖山。日蓮宗総本山。日蓮聖人棲神《せいしん》の地。文永十一年(一二七四)から弘安五年(一二八二)まで、九カ年にわたって日蓮聖人が住まわれ、法華経広布の根本道場とされた。弘安五年十月十三日、武蔵国池上宗仲の館で入滅された日蓮聖人の御遺骨は、遺言により身延山に奉安された。山頂には日蓮聖人が安房小湊の御両親を追慕された霊地、思親閣・奥之院があり、七面山には法華経信仰者の守護神七面天女を祀る。三十有余の宿坊があって、全国各地から登詣する多くの善男善女に便宜をはかっている。

大野山本遠寺《ほんのんじ》

南巨摩郡身延町。身延線身延駅。

由緒寺院。身延山第二十二世心性院日遠《しんしょういんにちおん》は徳川家康の怒りに触れ処刑されようとしたが、日遠に帰依していた家康の側室お万の方のとりなしで赦された。しかし、日遠はみずから刑余の身として大野に隠棲し、小庵を創した。その後、お万の方は長子紀伊頼宣、次子水戸頼房に命じて本遠寺を建立して日遠を開山とした。

小室山妙法寺　南巨摩郡増穂町。身延線鰍沢口駅。

由緒寺院。日蓮聖人との法論に破れた真言宗善智法印が、聖人に改衣し弟子となったことに由来する。善智法印は肥前阿闍梨日伝と名を改め、中老僧の一人に加えられた。

⑨静岡県

貞松山蓮永寺　静岡市沓谷。東海道新幹線静岡駅。

由緒寺院。六老僧日持の開創。日持は異国伝道を志し、大陸へ渡った。その後、お万の方が現在地へ移転し、駿府城鎮護の霊場とした。

青龍山本覚寺　静岡市沓谷。東海道新幹線静岡駅。

由緒寺院。中老僧日位の開創。徳川時代は、将軍家より朱印状を受け、十五万石の格式を有し、右大臣西園寺家より宗門最高の法衣着用を許された。

龍水山海長寺　清水市村松南。東海道本線清水駅。

由緒寺院。中老僧日位が、住職慈証と法論し日蓮宗とした。日蓮聖人開眼による日法謹刻の祖師像「願満の祖師」を奉安する。

本立山玄妙寺

磐田市見付。東海道本線磐田駅。

由緒寺院。玄妙阿闍梨日什の開創。日什が遠州府中で真間の日宗と法論しているのを傍聴していた宿の主人が、日什に帰依したのがはじまりと伝える。

延兼山妙立寺

湖西市吉美。東海道本線鷲津駅。

由緒寺院。玄妙阿闍梨日什の開創。旅の途中、日什の説法を聞いた佐原常慶・内藤金平の両名が湖西に日什を招いて帰依したのがはじまりと伝える。

富士山本門寺

富士宮市北山重須。身延線富士宮駅。

霊跡寺院。六老僧日興《にっこう》の開創。重須《おもす》郷主石川孫三郎能忠の発願により、日蓮聖人の檀越南条時光・小泉法華講衆の力によって建立。日興はここに重須談所《だんしょ》を設けて門下教育の道場とした。

岩本山実相寺

富士市岩本。東海道本線富士駅。

霊跡寺院。日蓮聖人は『立正安国論』執筆に先だち、実相寺の経蔵《きょうぞう》に入って一切経の研究をされた。当時は天台密教の寺院であったが、学頭の智海法印が聖人に帰依し、日蓮宗寺院になったと伝える。

富士山久遠寺　富士宮市小泉。身延線富士宮駅。

由緒寺院。小泉法華講衆の力を得て日郷《にちごう》が開創。日郷は日興・日目《にちもく》の薫陶を受け、日目没後、大石寺《たいせきじ》の後継をめぐって日道と争い、やがて房州におもむいて妙本寺を開いた。

海光山仏現寺　伊東市物見が丘。伊東線伊東駅。

霊跡寺院。日蓮聖人伊豆配流の折、熱病に冒されていた地頭の伊東八郎左衛門は、聖人の祈りを受けてたちまちに平癒したため聖人に帰依した。これを起源として、聖人が隠れ住んだ毘沙門堂の跡に日蓮聖人を開基、日昭を開山として創建された。

大成山本立寺《ほんりゅうじ》　田方郡韮山町。伊豆箱根鉄道韮山駅。

由緒寺院。伊豆配流の折、日蓮聖人は江川家第二十三代祖右衛門太郎義久の招きに応じて当地におもむき、法華経一部を埋めて広宣流布《こうせんるふ》を祈られた。後、江川家を中心とした村人の手によってお堂が建立され、永正三年（一五〇六）円明院日澄が日法謹刻の祖師像を奉安した。

東光山実成寺《じつじょうじ》　田方郡中伊豆町柳瀬。伊豆箱根鉄道修善寺駅。

由緒寺院。日興の弟子日尊の創建。日尊は重須談所の講筵《こうえん》にあって落葉に目をとられ、日興に破門されたが、全国各地に布教し、三十六ヵ寺を建立した。日尊最初の建立寺院が実成寺で、日尊が日興の許しを得るまでの十二年間、肌身離さず給仕していたという「笈《おい》びつの祖師」が奉安されている。

経王山妙法華寺

三島市玉沢。東海道新幹線三島駅。

由緒寺院。六老僧日昭の開創。鎌倉浜土《はまど》の日昭の庵室を移して寺とした。江戸時代にはお万の方およびその長子紀井頼宣、次子水戸頼房などの外護を得て発展した。

⑩石川県

金栄山妙成寺《みょうじょうじ》

羽咋市滝谷町。能登線柴垣駅。

由緒寺院。日蓮聖人から帝都開教を遺嘱された日像が、上洛の途上、能登の石動山天平寺満蔵と法論して弟子とした。満蔵は日乗と名を改め妙成寺を創建し、藩主前田家の外護を得て発展した。堂塔伽藍は国の重要文化財に指定されている。

⑪新潟県

法王山妙法寺

三島郡和島村。越後線妙法寺駅。

由緒寺院。風間信濃守信昭の外護により、日昭の弟子日成が日昭建立の名瀬妙法寺を鎌倉から移したもので、浜土《はまど》法華寺（後の玉沢《たまざわ》妙法華寺）とともに日昭門流の拠点となった。

塚原山根本寺

佐渡郡新穂村。島内バス南線根本寺前。

霊跡寺院。日蓮聖人佐渡流罪の霊跡。聖人が文永八年（一二七一）十一月一日から文永九年四月まで住み、代表的な書物である『開目抄』を著わされた塚原三昧堂の跡に、建立された。

妙法華山
妙照寺

佐渡郡佐和田町。島内バス相川線長木。

霊跡寺院。日蓮聖人佐渡流罪の霊跡。日蓮聖人は、文永九年（一二七二）四月七日、塚原三昧堂から一谷《いちのさわ》に移され、名主の入道の館に預けられた。ここで、聖人は重要教義書『観心本尊抄』を著わし、大曼荼羅を図顕された。聖人離島後、学乗房（一位阿闍梨日静）が一谷入道の信仰していた阿弥陀堂を法華堂に改めたのが、妙照寺の起こりとされる。

蓮華王山
妙宣寺

佐渡郡真野町。島内バス南線竹田橋。

由緒寺院。阿仏房日得《あぶつぼうにっとく》とその妻千日尼《せんにちあま》を開山とする。阿仏房はもと念仏信者で佐渡配流中の日蓮聖人の命をねらったが、逆に教化され、夫婦揃って熱烈な信徒となり、佐渡の日蓮聖人に給仕した。聖人、身延入山後、阿仏房は高齢を押して三回にわたり日蓮聖人のもとを訪れた。弘安元年（一二七八）九十歳にして出家し阿仏房日得と称したが、翌弘安二年三月示寂した。阿仏房の子遠藤藤九郎盛綱は父の遺骨を身延山に納め、藤九郎の孫如寂房日満は日興に師事し、館を寺院とし、蓮華王山妙宣寺と号した。

⑫京都府

具足山妙顕寺　京都市上京区寺ノ内通新町。東海道新幹線京都駅。

霊跡寺院。日蓮聖人の遺命を受けて帝都開教の大任を果した日像の創建。日像は三黜三赦《さんちつさんしゃ》のすえ、後醍醐天皇から御溝の傍《ほとり》今小路に寺地を賜わり、妙顕寺を開いた。その後、四《し》条櫛笥《じょうくしげ》に移り、ここが四条坊門内にあることから、妙顕寺を中心とする教団勢力を四条門流と称するようになった。

叡昌山本法寺　京都市上京区小川通。東海道新幹線京都駅。

由緒寺院。久遠成院《くおんじょういん》日親が、本阿弥本光はじめ京都町衆の外護を得て東洞院《ひがしのとういん》綾小路《あやのこうじ》に創建。日親は『立正治国論』を著わし将軍足利義教を諫暁《かんぎょう》するなど、強義《ごうぎ》折伏《しゃくぶく》・不受不施義に立脚して布教につとめ、数々の迫害に遭遇した。日蓮聖人遺文をはじめ、本阿弥家ゆかりの芸術品など、多くの文化財を所蔵する。

具足山妙覚寺

京都市上京区新町通。東海道新幹線京都駅。

由緒寺院。朗源《ろうげん》の弟子龍華院日実が小野妙覚尼の外護を得、日像を開山に仰ぎ創建。当初、四条大宮にあったが、文明十五年（一四八三）足利義尚の命により室町西二条南小路衣棚に移った。その後、天文五年（一五三六）の天文法難《てんもん》により焼失し、天文十七年再興した。ところが、天正十年（一五八二）の本能寺の変により再び焼失したため、現在地へ移転し、再建された。

具足山立本寺

京都市上京区七本杉通。東海道新幹線京都駅。

由緒寺院。玄式日実の創建。応永年間、妙顕寺は山門《さんもん》（比叡山）の圧力を受けて妙本寺と寺号を改め、寺主月明《がつみょう》は丹波国知見《ちみ》に難を避けた。このとき、妙光房が妙顕寺の旧地四条櫛笥に本応寺を創し、月明の弟子具円《ぐえん》を住せしめた。やがて具円が本応寺を退出したため、衆徒は比叡山の末寺のかたちをとり、公家の裏辻家より玄式日実を迎え、寺号を立本寺と改めた。日実は妙顕寺開祖日像を開基、妙顕寺第四世日霽《にっせい》を開山と仰ぎ、みずからを立本寺二世（初祖日蓮聖人から数えると第七世）とした。立本寺は公家の帰依を得て発展し、妙顕寺・妙覚寺と並んで「龍華《りゅうげ》の三具足山」と称せられた。

広布山本満寺

京都市上京区寺町。東海道新幹線京都駅。

由緒寺院。応永十七年（一四一〇）玉洞妙院日秀の開創。はじめ新町通今出川新在家町にあり、広宣流布山《こうせんるふざん》本願満足寺と号したが、天文八年(一五三九)、日重の代に関白近衛尚通が現在地に移した。第十二世日重《にちじゅう》・第十三世日乾《にちけん》・第十四世日遠《にちおん》はともに身延山へ晋《すす》み、久遠寺第二十世・二十一世・二十二世の法灯を継承して多大な業績を残したので、「身延山中興の三師」と称されている。

闡法山頂妙寺

京都市左京区仁王門通大菊町。東海道新幹線京都駅。

由緒寺院。中山法華経寺第六世日薩の弟子妙国院日祝が、土佐国守護細川治部少輔勝益の外護を得て創建。第三世仏心院日珖《にちこう》は中山法華経寺第十二世に晋み、これを機縁として、京都本法寺・堺妙国寺を加えた三寺貫首による中山法華経寺輪番制が成立した。

法鏡山妙伝寺

京都市左京区東大路二条下ル。東海道新幹線京都駅。

由緒寺院。文明九年(一四七七)、身延山久遠寺第十二世円教院日意の開創。日意は日蓮聖人の御真骨を奉安し、七面明神を勧請《かんじょう》して京都の身延山としたところから、「関西身延」とも称せられる。

大光山本圀寺

京都市東山区山科御陵大岩町。東海道新幹線京都駅。

霊跡寺院。日蓮聖人が鎌倉松葉谷《まつばがやつ》に創された草庵を第四世日静《にちじょう》の代に京都に移し、皇室の外護を受けて発展していった。はじめ「本国寺」と称したが、水戸光圀の外護を得た縁によって「本圀寺」と改めた。文禄年間に学室が設けられ、後にこれが求法院檀林となった。寺宝として、日蓮聖人の持仏像である「立像の釈迦仏」、聖人真筆の『立正安国論』、聖人流罪の「赦免状」を蔵し、これを「三箇《さんか》の霊宝」と称する。

⑬滋賀県

村雲御所瑞龍寺

近江八幡市宮内町。東海道本線近江八幡駅。

由緒寺院。豊臣秀次の母瑞龍院妙慧日秀が、後陽成天皇より寺地・寺号・寺禄一千石を賜わり、秀次の菩提を弔うために創建。紫衣と菊の紋章が許された勅願所となり、代々、尼宮によって護持されてきた。

⑭大阪府

広普山妙国寺　堺市材木町。阪和線妙国寺前駅。

由緒寺院。仏心院日珖が細川家家臣三好之康等の外護と父の油屋伊達常言等の助力を得て、永禄十一年（一五六八）創建。日珖は妙国寺に学問所（三光勝会《さんこうしょうえ》）を設けて興学の道場とした。

⑮和歌山県

白雲山報恩寺　和歌山市真砂町。南海線和歌山駅。

由緒寺院。紀州藩祖徳川頼宣夫人瑤林院（加藤清正息女）の菩提を弔うために、頼宣の子光貞が光貞の舎弟従二位大僧都日順を開山に迎え、建立。紀州家の菩提所として発展していった。

⑯広島県

自昌山国前寺　広島市山根町。山陽新幹線広島駅。

由緒寺院。日像が天台宗暁忍と法論して改衣《かいえ》せしめたことにはじまる。はじめ自昌山暁忍寺と称したが、後に広島藩主浅野家の帰依を得、国前寺と改めた。

⑰佐賀県

松尾山光勝寺

小城郡小城町。唐津線小城駅。

由緒寺院。中山法華経寺第二世日高の依嘱を受けた日厳が、下総国千葉大隅守平胤貞の外護を得て建立。法華経寺第三世日祐《にちゆう》を開山とした。九州における日蓮宗最初の法城。室町時代に入って久遠成院日親が九州総導師職に選ばれ、光勝寺に晋《すす》み盛んに布教を行った。ところが、日親は門流から破門され、光勝寺を追放された。その後、苦難に満ちた弘通活動を展開した日親は、ついには門流に復帰し、光勝寺中興の祖と謳《うた》われるようになった。

二、庶民信仰の寺

日蓮宗各寺院は、永い伝統を経て今日に伝えられてきた。その法灯護持は各寺院住職の不惜身命の努力によることはいうまでもないが、その根底を支えたのはいつの時代においても、素朴な庶民の信仰であった。庶民の信仰は、あるときは釈尊に対する畏敬であったり、あるときは祖師への敬慕であったり、あるときは妙見大菩薩・鬼子母神《きしもじん》・七面大明神《しちめんだいみょうじん》・摩利支天《まりしてん》・清正公《せいしょうこう》等への諸願成就の祈りであったりする。日蓮宗各寺院は、庶民の願いを包括しながら、発展してきたといえよう。

ここでは、多くの寺院の中から、ごく一部をとりあげ、日蓮宗寺院と人々のふれあいを紹介してみたい。

①東京都

柴又帝釈天
―題経寺―

葛飾区柴又。京成線柴又駅。

寛永六年(一六二九)、禅那院日忠《にっちゅう》の創建。開基は題経院日栄。日蓮聖人御真刻と伝える帝釈天板本尊を奉安。庚申《こうしん》の日を縁日として諸願成就の祈願を行う。特に最近、「寅さん」で著名な松竹映画「男はつらいよ」で有名となり、多くの参詣者で賑う。

日限《ひぎり》の祖師
―本覚寺―

台東区松が谷。山手線上野駅。

天正十八年(一五九〇)、上行院日覚の開山。開基は関根卯兵衛。六老僧の日朗《にちろう》が日蓮聖人の姿を彫って給仕したと伝える「日限願満の祖師」を奉安。人々の信仰を集め「日限の祖師」として知られる。

摩利支天
―徳大寺―

台東区上野。山手線御徒町駅。

慈光院日遣の開山。開運大摩利支天を奉安。上野の通称アメ横商店街の一角にあり、諸願成就を祈る善男善女で賑う。

雑司谷の鬼子母神—法明寺—

豊島区南池袋。山手線池袋駅。

もと、弘法大師空海創建の真言宗寺院であったが、文応元年（一二六〇）、日蓮宗となった。徳川第三代将軍家光より御朱印を受けてより、将軍家の外護を得て発展。寛文六年（一六六六）に、浅野家令室より鬼子母神堂が寄進され、「雑司《ぞうし》谷《がや》の鬼子母神」と称して人々に親しまれた。鬼子母神堂は東京都の重要文化財に指定されている。

②神奈川県

苔《こけ》寺《でら》—妙法寺—

鎌倉市大町。横須賀線鎌倉駅。

建長五年（一二五三）、清澄山で立教開宗された日蓮聖人が鎌倉におもむき、松葉谷に結ばれた草庵を起源とする。貞和元年（一三三五）、第四世日静の代に京都に移り、本国寺（本圀寺）が開かれた。日静の弟子で大塔宮護良親王《もりながしんのう》の子日叡が草庵を復興して楞厳山妙法寺と号した。寺域全体が緑濃い樹木におおわれ、古《いにしえ》の面影をとどめている。本堂裏山の草庵跡に通じる苔むした石段は鎌倉市の史跡に指定されており、その風情を楽しみに参詣する人々も多く、「苔寺」とも称されている。

海棠《かいどう》の寺
―光則寺―

鎌倉市長谷。横須賀線鎌倉駅。

日蓮聖人『立正安国論』奉進の霊跡。文応元年(一二六〇)、日蓮聖人が北条時頼《ほうじょうときより》に『立正安国論』を上呈したとき、仲介の労をとった宿谷《やどや》光則《みつのり》が、後に館を寺院とし、日朗を開山とした。光則は出家して日続と名を改め第三世となった。文永八年(一二七一)の法難の折、日朗等は光則の邸内にある土牢に幽閉された。境内には海棠の古木があり、花の季節になると参詣者の目を楽しませる。

③山梨県

七面山
―敬慎院―

南巨摩郡身延町。身延線身延駅。

七面山は早川町に位置する標高一九八二メートルの山で、久遠寺所有の飛地であるところから、住所は身延町となっている。山頂の敬慎院には身延山の鎮守として七面大明神(末法惣鎮守七面大明神)がまつられている。建治三年(一二七七)、日蓮聖人の説法の会座に、七面天女が妙齢な女性と変じて姿を現わし、身延山の守護神であることを人々に告げたという。その後、永仁五年(一二九七)、波木井実長は日朗とともに七面山に登って七面天女をまつったと伝える。近世初頭には信仰が盛んとなり、徳川家康の側室お万の方が女人として初めて登詣し、女人禁制を解いた。七面大明神の威光と霊験《れいげん》は広く人々の信仰を集め、全国から多くの信徒が参詣する。山頂からの眺望は素晴らしく、とくに春・秋彼岸の中日には、富士山の頂上から昇る御来光を拝することができる。

④京都府

鷹ヶ峰の芸術村―常照寺・光悦寺―

北区鷹ヶ峰北鷹ヶ峰町・北区鷹ヶ峰光悦町。東海道新幹線京都駅。

本阿弥光悦とその一族ゆかりの寺。本阿弥光悦は安土桃山から江戸初期にかけての代表的芸術家として知られている。本阿弥家は、代々、法華経篤信の一族であったが、とくに本阿弥家中興と称する第六代本光（本阿弥右衛門三郎清信）は本法寺開祖久遠成院日親に深く帰依し、一族をあげて本法寺を外護した。元和元年（一六一五）、光悦は徳川家康より洛北鷹ヶ峰の地を与えられ、一族を引き連れて移住した。ここで光悦は法華経信仰を基本理念とした芸術村を造りあげていった。鷹ヶ峰檀林の常照寺、光悦の母妙秀の菩提所妙秀寺、本阿弥家先祖の菩提所光悦寺、および知足庵の四ヵ寺を中心に法華経の聖域を構成し、刀剣の鑑定《めきき》・磨礪《とぎ》・浄拭《ぬぐい》をはじめ、書画漆陶など、広い分野にわたって芸術活動を行い、僧俗一体となった信仰生活を営んだのである。光悦寺には光悦をはじめとする一族の墓所がまつられ、洛北の山脈を背景にした広い庭園には七棟の茶室が設けられ、紅葉の季節には見事な絵模様がくり広げられる。

⑤大阪府

能勢の妙見―真如寺―

豊能郡能勢町。山陰本線亀岡駅。

身延山第二十一世寂照院日乾《にちけん》の開山。日乾に帰依した能勢頼次が寺地を寄進して真如寺を建立した。真如寺は能勢氏の祈願所として栄え、特に、日乾が頼次に授与した妙見大菩薩は、その霊験が広く関西方面に弘まり、多くの人々の信仰を集めた。

⑥石川県

忍者寺《にんじゃでら》―妙立寺―

金沢市野町。北陸本線金沢駅。

加賀藩主前田利家が金沢城近郊に建立。その後、第三代藩主利常の代に現在地に移り、寺号を公称して前田家の祈願所となった。四階七層の建造物で、廊下は迷路となり、隠し部屋や望楼を備えた防塞のような構造になっている。長年、固く秘されていたが、近年、公開されるようになり、「忍者寺」と称して多くの参詣者で賑う。

⑦福岡県

博多の銅像
―日蓮聖人銅像護持教会―

福岡市博多区東公園。鹿児島本線博多駅。

明治三十七年（一九〇四）、体精院日菅を開山として創立。元寇記念日蓮聖人銅像を福岡市の中心にある東公園に造立し、日蓮聖人の立正安国の教えを顕彰する。総高二十二メートル。蒙古来襲の往時を偲び、多くの参詣者が集う。

⑧熊本県

清正公
―本妙寺―

熊本市花園。鹿児島本線熊本駅。

天正十三年（一五八五）、加藤清正《かとうきよまさ》が父清忠追善菩提のため、大坂城に瑞龍院を建立、天正十六年、肥後の領主に封ぜられるや、慶長五年（一六〇〇）、熊本城を構築し、城内に移建して本妙寺と号した。慶長十九年焼失したため、時の住職日遙と国主忠広によって清正の廟所中尾山に移された。江戸時代に入って清正公信仰が盛んになり、武運長久を祈る人々の信仰を集めた。

第九章　法華経に生きた人々

日蓮聖人は日本に大衆的レベルで仏教が定着した鎌倉仏教のなかで、法然上人・親鸞聖人・道元禅師につづいて最後に出現なさった。つまり、日蓮聖人は日本の風土に定着した仏教を完結した宗祖である。しかも、法然上人の浄土宗も、親鸞聖人の浄土真宗も、厭離《おんり》穢土《えど》・欣求《ごんぐ》浄土《じょうど》を標榜して現世に対して否定的であった。また、道元禅師の曹洞宗は、リゴリスティックにさとりを追求して行く日常行動を要求し、現実の社会に対して厳しい眼を向けた。それに対して、日蓮聖人も現実社会を末法濁悪の世と批判的に見たことは事実であるが、しかし他方では一人一人の救いは社会全体の救いと同時的にあると考え、現実の社会に限りなき慈悲の眼差《まなざし》をそそいでいる。

一言でいえば、人生を歩む一人一人への暖かい思いやり、そして日常生活のすみずみにまで及ぶ信仰指導を受けた信徒たちは、いずれも熱い血潮のたぎる熱血漢であり、現代のわれわれにはない、精神的にも骨太い日本人であった。

すなわち、日蓮聖人から直接指導を受けた代表的信徒といえば、**富木常忍**《ときじょうにん》（後に出家して日常と名乗る）、**四条金吾**、**池上宗仲**、**南部実長**《さねなが》、**南条時光**とその母などであった。現在の中山法華経寺（千葉県市川市）は当初富木常忍の邸を寺とした法華寺と、そしてその富木氏の盟友であった**大田氏**の邸を寺とした本妙寺を合体した寺である。そして、もう一人の盟友**曽谷法蓮**を記念した法蓮寺がその近くに伝えられている。これら三人は鎌倉幕府、あるいは千葉氏に仕える武士であったが、日蓮聖人の教えに傾倒し、信任を受けた。特に富木常忍は、日蓮聖人からその時その時の状況と心境とをしたためた手紙を送られるほど信頼を得ていた。四条金吾も多くの手紙を与えられた一人である。主君江馬氏の信任をたもちながら信仰をつらぬくことの困難さが、それらの手紙に一貫するテーマであったが、主要著書『開目抄』の管理者として委託されるほど日蓮聖人の信任が厚かった。その性格は信義と正義を重んじる一方、やや感情におぼれがちな点もないではなかったが、常に日蓮聖人の教えを受けて危機をくぐりぬけている。池上宗仲の邸跡こそが現在の池上本門寺山内にある大坊本行寺《だいぼうほんぎょうじ》である。池上宗仲は建築を担当した武士のなかの一人であり、日朗上人とも親しく、教えの広宣流布に協助した。**波木井氏**は身延山に末法万年の法城を築くことに協助した領主であり、また南条氏の一家は富士大石が原の領主で、心から日蓮聖人に帰依した人である。

佐渡に島流しにされたとき、八十余歳の老人**阿仏房日得**《にっとく》は日蓮聖人を斬ろうとしたが果さず、かえって日蓮聖人に帰依した。そしてそのお墓が身延の御廟の隣に、今日も伝えられている。このように、日蓮聖人に帰依した人は、おしなべて、さまざまな圧迫を受けながら、いつも希望を失うことのない、信仰の剛《つよ》い、揺るがぬ信念を持っていたのである。

日蓮聖人の入滅後も、お弟子や孫弟子たちは『立正安国論』を書き写し、それを「申状《もうしじょう》」に添えて、為政者に法華経の信仰を受けとめるように諫《いさ》めた。多くの人々が法華経信仰に希望をつなぎとめたことであろうが、なかでも当時の都である京都にはじめてその教えを弘めた日像（菩薩）に帰依した**柳酒屋呉長興**は、慎重で、かつ大胆な人物像を思わせる。

しかし、こうした話も断片的に伝えられるのみであるのは大変に残念なことである。京都は大きく分けて天皇の御住居、つまり御所をとりまく公家たちの住む上京《かみぎょう》と、商工人たちの住む下京《しもぎょう》に大別される。日蓮宗は当時、法華宗とよばれて商工人層、後の町衆《まちしゅう》の理想実現をめざす宗教であった。今、茶の宗家である裏千家・表千家に隣接して本法寺が伝えられている。厳密にいえば、本法寺に千家が隣接するというべきであろうが……。その本法寺を創建したのは有名な**本阿**《ほんな》**弥光悦**《みこうえつ》の祖父**本光**らであった。本阿弥家は本阿弥家の三事《さんじ》といって、刀の目きき、研《と》ぎ、修理を職としていた。が、あるとき、将軍足利義教の刀を研いで献上したところ誤って刀が鞘《さや》から飛び出て、そのために本光は牢屋に入れられた。そのとき、牢屋で出会ったのが人々からは大変評判が悪かった鍋冠《なべかむり》日親上人であった。ところが実際に会《あ》って見ると非常に立派な僧侶で、法華経の理想をそのまま身に具えた方であった。本光は、これこそ新しい時代に希望を持って生きて行く道を指し示す僧であると感激し、心から帰依したのである。

彼の法華経信仰は代々伝えられ、本阿弥光悦をはじめ、多くの人々に伝えられた。そればかりでなく、法華経の信仰に希望を見出したのは、**茶屋**、**後藤**、**平田**等、京都の経済や商業・工業を担う人々であった。

本阿弥光悦はその母のきびしく、かつ暖かい信仰の心を受け、洛北鷹ケ峰《らくほくたか》に芸術工房を集結した法華村を造った。今日、常寂光寺《じょうじゃっこうじ》、光悦寺などが伝えられる場所である。光悦は刀の研ぎなどよりも、今日では茶碗や書などで知られる。辻邦生の『嵯峨野名月記』に描かれるように、角倉《すみのくら》了以《りょうい》と協力して作った「嵯峨本」は『新古今和歌集』を季節感豊かな装飾画の上に名筆をあざやかに印刷した歌集としてあまりにも有名である。その書は池上本門寺の山門寺号額、中山法華経寺の祖師堂扁額など数多く伝えられる。また日蓮聖人の御遺文の『法華題目抄』『立正安国論』『如説修行抄』等を書写したものが伝えられている。しかも光悦の孫、**光甫**は前田家の資助のもとに今からおよそ三四〇年前、日蓮聖人三五〇遠忌のころ、中山法華経寺に守り伝えられる日蓮聖人の御真蹟の著書や手紙を修理している。いかに信仰の篤い家であったかがわかる。

光悦の暮らしは質素であったが、しかし文化性の高い交遊の日々であった。吉川英治の『宮本武蔵』に、若さゆえに張り切りっぱなしの武蔵の前で、**吉野太夫**が糸の張り切った琵琶の糸を軽く押すと糸がぷつんと切れてしまうことを見せる場面がある。一流の武芸者武蔵に遊女が極意《ごくい》を教える名場面である。その吉野太夫は後の夫、**灰屋紹益**と一緒に、光悦の芸術村の常照寺にひっそりと永久の眠りについているのである。

前田家から多くの資助があったのは、前田家の室である**寿福院**が熱心な信徒であったことによると思われる。寿福院は能登の滝谷妙成寺を日蓮宗に改めて信仰のよるべとした。妙成寺は現在、日蓮宗には数少ない七堂伽藍をそなえた幽邃《ゆうすい》な寺である。

寿福院はみずから紺紙に法華経を血書しているが、同様の写経が広島藩の室であった**自昌院**にもある。

こうした女性の信仰は、一つには徳川家康の側室、養珠院《ようじゅいん》夫《ふ》人《じん》とよばれる**お万の方**の信仰が大きな影響を与えているものと思われる。なお、吉屋信子に『お万の方』という小説があるが、これは養珠院夫人にならってなづけられた二代目お万の方の話である。養珠院お万の方は身延山久遠寺二十二世日遠上人に深く帰依し、家康の法華宗ぎらいから発する誤解を宥和しようとしたと伝えられる。富士川の傍の身延への入口に大野山本遠寺を建て、また静岡沓谷《くつのや》に六老僧の一人で北海道から大陸に渡航して布教したと伝える日持上人ゆかりの蓮永寺を建立寄進し、また七面山の女人禁制を解いてはじめて登山するなど、さまざまな功績が伝えられる。

徳川御三家とよばれる紀州藩・水戸藩の初代藩主はいずれも養珠院夫人の子供で、水戸黄門と一般に愛称される光圀《みつくに》は夫人の孫にあたる。江戸をはじめ、日蓮宗にこれらの藩にゆかりのある大寺院があるのは、すべて夫人の影響によるものである。テレビ、映画などでは誇張されてはいるが、光圀は晩年、水戸から十里（四十キロメートル）ほど北の地に西山荘《せいざんそう》（常陸太田市）を構え、さらに住居から丘を越えた南側に摩訶衍庵《まかえんあん》を造り、京都から高名な元政上人の弟子日乗《にちじょう》上人を迎えて、毎日、法華経の信仰について導きを受けるとともに、広い学問・知識をとり入れた。日乗上人の日記は久昌寺に伝えられ、また第二次大戦後、出版されている。光圀の写経は東京の堀の内妙法寺に伝えられている。

江戸時代になると、経済の発展にともなって、社会組織も大きく変り、経済圏・社会的交流圏がいちだんと範囲の広いものとなって行く。そうしたなかで、かつては村や町の一定地域内で行われた宗教活動が、より広い範囲での活動に変化して来る。お説教でも、生涯に二万余座をつとめた霊鷲院日審《りょうじゅいんにっしん》上人が現われて、大きな変化をもたらした。日審上人が生まれたとき生母が死亡し、日審上人は生涯その母への孝養を念願して行動したと伝えられるが、上人の書いた大曼荼羅本尊は今でも金沢地方などで安産のお守りとして尊重されているほどである。その日審上人の説法を聴聞した人は大勢いるが、平田《ひらた》正澄《まさずみ》が毎日の説法を筆録した本が今日四国讃岐大野原の平田家に伝えられている。これは現在に伝えられる一例であるが、おそらく、隠《かく》された事蹟、歴史のなかに埋没して行った行状が限りなく積みかさねられて行ったことであろう。

今、東京池上本門寺正面の石段は太閤秀吉に育てられた武将・加藤清正の寄進したものと伝えられ、日蓮聖人像を奉安する大堂のかつての建物も清正の寄進によるものだという。清正はいつもお題目の旗をひるがえして戦場におもむいたといわれ、熊本本妙寺の清正公堂を中心として各地に清正公信仰がある。

身延山久遠寺正面の二七八段という非常に高い石段は佐渡の船頭仁蔵が築いたものとされる。江戸時代の日蓮宗は大衆の宗教としての活力をいかんなく発揮し、江戸をはじめとする各地に大きな発展を遂げた。後期になると、講の活動が活発になり、寺院の教化の補佐とその維持に功績を残して行く。しかし、やがてそれにとどまらず、在家《ざいけ》（出家に対して社会生活を営んでいる一般人の信仰者）自身による信仰運動も行われて行く。これらの人々は法華気質《かたぎ》とよばれる固い信仰を持っていた。江戸の初期に、尖鋭に日蓮宗の不受不施の規律を守ろうとした日奥上人・日講上人・日樹上人らの系流の人々は、弾圧されて地下に潜行してしまったが、その純粋な信仰をつらぬく精神は脈々として伝えられた。

戦後、心なき青年によって彼の生命とともに焼失した谷中墓地（東京台東区）の真中にあった五重塔は、不受不施を主張したために取りこわされ、天台宗に改宗させられた感応寺の記念すべき五重塔であった。このような例は、碑文谷の法華寺（東京目黒区）をはじめ数多くある。もうずいぶん昔のことになるが、和歌山のある天台宗寺院にうかがったとき、その寺の老住職が、「うちは日蓮宗なんです。ただ看板だけは天台宗ですがな……」と平然と言ってのけたのには驚いた。同寺も昔は日蓮宗で、日蓮聖人の御真蹟が今も数点伝えられているのである。

数年前、掌《てのひら》に入るような小さな日蓮聖人像（これを祖師像《そしぞう》という）を大切に持っている人の話を聞いたことがある。その方の家も潜行した不受不施派の信仰を伝える家で、小さな日蓮聖人像はそっと障子の桟《さん》の上に載せてお詣りするのだそうである。もし他人の声や足音が聞こえたら、さっと胸のなかに収めるのだという。これに類した話や、実は本当は日蓮宗なのだが、菩提寺は一応天台宗になっているというような例は、何人もの老人から聞いたことがある。こうした地下潜行の歴史については、戦後ずいぶん研究が進んでいる。立正大学学長をつとめた**坂本幸男**(**日深**)の家も不受不施派で、その祖父**坂本和平**は明治時代前後の不受不施派の記録を執筆した立派な方であったが、幸男は後に身延山久遠寺第八十四世日円法主について得度し、日深と名乗った。

こうした真剣な信仰信条、正義をつらぬき通し、自己の利益など顧みない生き方、安易な妥協を許さない生活態度は潜行した日蓮宗だけでなく、表側の日蓮宗のなかにも脈々と生きつづけた。明治維新後、日蓮主義の再興を標榜し、後にはなばなしい国柱会の運動を展開した**田中智学**（巳之助）は、雑誌『毒鼓』の殉教号を編集した。それらのうち在家の人を挙げると〈**工藤吉隆・四条金吾・池上兄弟・熱原神四《あつはらじんし》郎《ろう》・佐久間重貞・畳屋太兵衛・風間六左衛門・駿河屋七兵衛・不受不施派の人々**〉である。

こうしたリーダーだけでなく、法華気質は市井の人々にまで影響を及ぼしている。あの赤富士などを含む「富嶽三十六景」で知られる**葛飾北斎**は画狂人とよばれ、生涯に九十数回も引越をしながら版画の真髄に迫ろうとしたが、彼は本所（現在の墨田区）柳島法性寺の妙見大菩薩に祈りをこめた画人であった。また、明治維新前夜、江戸市中を西郷隆盛とともに火災から救ったのは勝海舟であったが、彼の父・**勝小吉**も妙見信仰に祈りをささげ、水ごりを取っては人々の幸福《しあわせ》を祈る人であったことは、子母沢寛の『父子鷹』に描かれるところである。こうした一般庶民にいたるまで、法華気質は投影しているのである。

このように、日蓮宗の在家信仰の動きは江戸後期から大きく動き出していたのである。

今日、『昭和定本日蓮聖人遺文』四巻は、日蓮聖人の宗教を研究する者にとっての基本的で、確実な文献であるが、そのもととなったのは日露戦争のころに編纂出版された『日蓮聖人御遺文』（活版刷）一冊である。そして、さらにそのもととなったのは、幕末に編纂され、その没後明治に入ってから板行された小川泰堂編『高祖遺文録』（和本綴三〇冊）である。御遺文集はさまざまな検討の末、私たちが手にとることができるようになったもので、年代順に配列編纂し刊行されたのは『高祖遺文録』が最初であった。小川泰堂はもともと漢方の医者である。あるとき、本の好きな彼は日本橋の古本屋で本を漁っていた。そのとき眼に飛びこんできたのが日蓮聖人の遺文集で、たちまちそれに取りつかれ、以来、彼は日蓮聖人の研究に没頭し、『日蓮大士真実伝』『高祖遺文録』という画期的な超ベストセラーを作りあげるのである。小川泰堂が日蓮聖人にひかれたのは、日蓮聖人の時代を救うことを念願しつづける生き方、法華経の予言にもとづく信仰であったのであろう。

ある日、パン屋さんに入って行くと「パン祖・江川坦庵《たんあん》」としるされた肖像額が飾られていた。パン屋さんの組合が優秀な店を表彰した額であるという。江川坦庵は代々太郎左衛門を名乗る伊豆国韮山《にらやま》の名家で、今でも彼の造った反射炉は日本最初の反射式溶鉱炉として観光コースに入っている。彼は研究熱心で、山を一週間も探索して歩くときに、パンを作って食用としたのだという。パン祖と仰がれるゆえんである。東京湾にお台場《だいば》を造り、釣鐘《つりがね》を大砲に模して外国船に対応したのも彼のアイディアであった。こうした彼の工夫も、室町時代に先祖が造立した本立寺《ほんりゅうじ》を代々護持して来た信仰にもとづくものであろう。

江川家の前当主は故東大名誉教授英文であるが、その義兄に元日本学士院長・法学博士故**山田三良**がいる。大正のはじめ、日蓮宗の在家信仰団体「法華会《ほっけかい》」が結成され、倫理学者で法華経信仰に参入した**小林一郎**の「法華経講義」がつづけられ、雑誌『法華』が刊行され、以来、今日に及んでいる。山田三良はそのリーダーの一人であり、夫人**しげ子**とともに法華信仰をもととして法学者としての生涯を生きたのである。昭和六年は日蓮聖人第六百五十遠忌にあたり、「立正大師」号の勅額拝戴を中心として盛大な儀式が営まれた。そのときに、日蓮聖人の御真蹟を数多く伝える千葉県中山法華経寺に聖教殿《しょうぎょうでん》を建て、御真蹟の永久護持をはかったのが、法華会メンバーをはじめとする聖教《しょうぎょう》護持財団である。かつて、加賀前田家の資助により本阿弥光甫が御真蹟の大修理につくした事績に次ぐ、大きな功績である。この聖教殿建設の中心人物が山田三良である。

法華会メンバーは信仰につらなって家族的な交流をして来たようであるが、山田と対極的な社会活動を行ったのが**加治時次郎**である。加治ははやくから医学に志し、ドイツに留学し、彼の地で北里柴三郎とも親交があった人物である。日本へ帰国してからは庶民への医療普及につとめ、平民病院を開院した。その間、社会主義運動にも接触して、堺利彦らとも交流があった。彼は、とき夫人とともにしだいに信仰を深くし、日蓮聖人遺文研究にもずいぶん助力している。立正大学日蓮教学研究所編『昭和定本日蓮聖人遺文』の編纂の基盤はこうした篤志者の力に負う所があるのである。思えば、最近では市原求、吉村孝一郎ら、久保田正文の指導のもと、信仰の生涯を送った人々が数々おられる。

日蓮宗といえば、新興宗教を連想されがちであるが、知識も識見も持った信仰人が社会に貢献しているのである。

前述した田中智学は、その出発にあたっては、東京の下町の講組織に伝わる法華信仰を蘇《よみが》えらせようとし、やがてそれは大阪に、そして全国に及んだが、そしてまた、その言論は知識人にも大きな刺激をあたえた。

明治時代中期に、青年文明評論家として、また小説『滝口入道』の作者として一世を風靡したのが高山樗牛《ちょぎゅう》である。彼は日本主義からニーチェズムに転じ、さらに日蓮主義に転じ、変革の時代に大理想に生きた日蓮聖人の法華経精神に共鳴した。彼の『日蓮聖人とはいかなる人ぞ』『況《きょう》後録《ごろく》』などは、時代に大きな影響をあたえた。

そしてまた、彼の信仰が姉崎正治《あねざきまさはる》の名著『法華経の行者日蓮』を著わさせる原動力であった。

というのは、姉崎は東京帝国大学宗教学科の初代主任教授であるが、その研究のためにドイツに留学した。彼の地でしばしば樗牛の手紙を受けた姉崎は、友の願いと彼の地の指導教授とのすすめにより、英文で『予言者日蓮』を書き、それが書き改められて『法華経の行者日蓮』となるのである。

田中の国柱会の門を叩いたもう一人の人は、有名な「雨ニモマケズ」の詩人宮沢賢治である。宮沢家は代々熱心な浄土真宗の信仰を伝えているが、たまたま浄土真宗の学匠、島地大等から法華経講義を受け、それが法華経への関心を喚《よ》び起こし、日蓮聖人への関心をよびさました。その情熱のたかまった一時期、賢治は国柱会の会員となり、本部を訪れ、奉仕の生活をする。しかし、もともと農業技術の改良普及に熱意を抱いていた賢治は岩手の花巻に帰り、農民指導と法華文学の創作と科学者としての関心が充足する独特の生活を送る。あまりにも無理のつづく生活によって、その生涯は三十七歳で終るが、賢治の熱烈な法華経への思慕は、生活の軌跡そのものが、法華文学への昇化となって作品に結実し、多くの人々によって愛読されている。

こうして、さまざまな契機によって法華信仰に入信して行った人々は、身延山を総本山とする日蓮宗や、日蓮系各派の教団に帰属して行くことになる。

ところで、前述の在家主義仏教運動に対して、それら既成宗団の周辺に見られる人間像はどうであったのだろうか。

近代の仏教展開のありさまを顧《かえり》みると、つくづく、明治維新とはまさに御一新《ごいっしん》で、一つの革命であったのだと思う。今日の日本仏教の現状を見ると、最も日常生活に密着した宗教活動をしているのは、日蓮宗を中核とする、いわゆる法華系の教団であり、その外延は数えきることのできない新宗教運動である。これらには、宗教エネルギーが燃えたっている。けれども、他方、知識人への影響などの点では、率直に言って、浄土真宗（本願寺）や禅宗（曹洞宗・臨済宗）の周辺を見逃すわけにはいかないであろう。相対的に言って、日蓮宗や法華経系の僧侶が活発な布教活動や修行を熱心に行っているのに対して、これらの宗には学者の僧侶が多いのである。それはなぜなのだろうか。明治新政府樹立以前に、西本願寺（浄土真宗本願寺派）はいち早く官軍につき、東本願寺（浄土真宗大谷派）も遅れて官軍についた。その結果、明治になるとともに、この両宗派は早速、若手の学者をヨーロッパに送り、彼の地で遊学させた。島地黙雷《もくらい》が「信教の自由に関する建白書」を新政府に提出したのは明治八年のことである。当初、神道を国教にしようとしていた新政府の宗教政策はなかなかうまく行かず、新政府の存立を揺るがせかねなかった。伊藤博文は列強の帝国主義に対して天皇制を中心とした憲法にしなければならないと考えたのだが、そうした状況のなかで提出された島地黙雷の建白書によって、新政府は神道国教化政策を転換せざるを得なかったのであった。そのようななかで、浄土真宗は七帝国大学に印度哲学梵文学科を寄附によって設置するなど、日本の未来像のなかへの定着を次々に実現して行ったのである。その結果が、政界・財界・教育界等への大きな影響となって今日に及んでいると考えられる。

それに対して日蓮宗はどうであったろうか。日蓮宗は仏教諸宗と同様に明治新政府の宗教政策にふりまわされ、そのなかで若年の新居《あらい》日薩《にっさつ》・吉川《きちかわ》日鑑《にっかん》・三村《みむら》日修《にっしゅう》らの必死の努力によって宗団の態勢を建てなおしたのであった。青年田中智学（巴之助）が切歯扼腕して、立正安国会運動、国柱会運動を展開した気持もよくわかる気がするのである。

こうして、近代日蓮宗は、むしろ、つくられた時代に抗議して行く力に加担して行く結果になったのではないかと、私はひそかに思っている。しかし、またそれだからこそ、逆に法華信仰は広く社会の基層に受容され定着して行ったといえるのではなかろうかと思う。

実はこうした状況のなかで、一人一人の僧侶の人生がくり展《ひろ》げられている。今、そのなかの風変りな僧侶を一人だけ挙げれば、芝二本榎の承教寺住職であった加藤文雅という人がいる。日露戦争のころ、独力で（もちろん在家信徒の援助はあったが）霊艮閣版『日蓮聖人御遺文』という権威ある日蓮聖人遺文の刊行をプロデュースした人である。同書は『昭和定本日蓮聖人遺文』四巻（立正大学日蓮教学研究所編、身延山久遠寺刊、昭和二十七年〜三十四年）が刊行するまでの最高権威書であった。けれども、刊行者加藤文雅がどういう人であったかは一部の人を除いては知ることがない。実は、加藤文雅はモダンな人で、いち早く明治中期に講演会を開き、「日宗新報」を出し、当時としてはめずらしく洋服を常用していた僧であった。そしてまた、日蓮宗の教学研究は彼の念願するところを実現して行ったし、その後の研究もその延長上にあると感じられるのである。

文雅には文雄・**文輝**の二人の子息がいた。今、臨時行政調査会々長として知られる**土光敏夫**は加藤文輝と深い縁がある。加藤文輝も風変りな学僧であった。その人柄を敬愛していた土光の母登美が、川崎市に橘女子学園を作ろうと思い立ったのが、彼女の晩年であることは土光の自伝等にくわしい。その学園の初代校長に委嘱されたのが、もちろん立正大学教授加藤文輝であった。文輝は昭和二十年の終戦とともに、自害をとげたが彼を師と仰ぐ門人は少なくない。その一人が**山内堯文**（元立正大学学園理事長）である。

歴代の総理大臣のなかで、最も短期であったが、しかし引き際《ぎわ》の鮮《あざ》やかな首相として**石橋湛山**の名は永く記憶されるに違いない。不思議なことに石橋が生まれたのも加藤の住んだ芝であった。石橋の父は身延山八十一世杉田日布であるが、幼少にして後の身延山八十三世法主・望月日《にち》謙《けん》のもとに預けられる。十七歳のとき日蓮聖人の『開目抄』を書写したものが伝えられるが、墨痕淋漓たる書風である。経済人として生涯を終えた石橋であるが、その根本精神にあるものは日蓮聖人の思想と信仰であった。

永らく日本医師会々長をつとめた**武見太郎**は、晩年、これからの日本の医療は予防医学を確立せねばならないことを訴えつづけ、事実、彼自身の造詣も大変深いものであった。そのような主張の背後には、日蓮聖人の「我れ日本の柱とならむ、我れ日本の眼目《がんもく》とならむ、我れ日本の大船とならむ」という偉大な願いを少しでも実現するよう、社会に貢献しなければならないという使命感にもとづくものである。

まだまだ紹介しなければならない人が多勢あるが、一応この辺で筆をとどめよう。

こうして見て来ると、はじめにも述べたように、日蓮宗の人々の生き方に共通していることは、正義感と行動力を持ち、社会的ひろがりのなかで、人々とともに生きる幸福を追求していることを確かめることができよう。

なお、このほかの著名な人名を挙げておく。

大久保彦左衛門・大岡越前守・蜀山人・十返舎一九・狩野派の画人たち・間宮林蔵・英一蝶・井原西鶴・遠山金四郎・宝井其角・菊池容斎・松永弾正久秀・尾形光琳・川上不白・藤堂高虎・服部嵐雪・小野寺十内。

〔本章では敬称を省略した。御海容をいただきたい。〕

結章　今日の日蓮宗と日蓮宗の明日

もう三十年以上も前のことになるが、今の三遊亭金馬師匠がまだ小金馬時代、テレビの試験放送に腹話術で毎日のように出演していたところ、日蓮聖人立教開宗七百年の宣伝で、一緒に宣伝カーに乗り合わせたことがある。金馬師匠のお母さんが熱心な法華信者で、幼少のころ、身延山にお詣りに行き、朝暗いうちに起こされて眠い眼をこすりながらお詣りしたことなど、金馬師匠がつい昨日のように懐しく語るのを聞いたことを思い出す。

またあるときには、故武見太郎氏が、これからの日本を考えるならば、宗教が重要な役目を果さねばならないと熱弁を振るわれるのを聞いたことがある。事実、武見氏は宗教の勉強もされ、毎月一日には池上本門寺・堀の内妙法寺・柴又題経寺などを家族と一緒に参詣されたということである。

またあるときには、故石橋湛山元総理が、法華経の不惜身命の精神を継いで世界平和のために尽力せねばならないと決意し、一度は倒れたその老軀の不自由な足をひきずりながら、中国首脳との会談をめざして、国境を越えるために五百メートルも歩いた光景を記録映画で見たことがある。

またあるときには、故上原専禄元一橋大学長から、幼少のころ、毎日法華経読誦を習うために京都本法寺へ通ったこと、それ以来、仏教を精《くわ》しく研究されたことを聞いた。そして、他の方の証言によると、晩年、日蓮聖人研究のために、百部限定のコロタイプ版『日蓮大聖人御真蹟』(立正安国会発行)を開いて、日蓮聖人との対話に熱中し、風邪をひいたことを聞いて驚愕したことがある。それほどに熱心に、日蓮聖人の筆づかいの細部にまで考えをめぐらして、日蓮聖人の思想・教義を研究する態度の真剣さをたもちつづける方があったことに。また、同氏がいろいろな方々とおつき合いしているうちに、一千回ほどにもわたってある民話劇を演じつづけている有名な俳優が、いつでも上演の前に、かならず胸に下げた五段の妙符にお題目を唱えて演技の完成を祈っているという告白を受けたことも聞いた。

昨年、NHKテレビが時の人・臨時行政調査会々長土光敏夫氏の日常生活を紹介し、おかずはメザシだけの質素な生活や団扇《うちわ》太鼓を叩いて法華経に祈る姿を報道した。

このように思い起こすと、法華経の教え、日蓮聖人の信仰の重さが、だんだんと社会的に見直されて来ていると思う。

とかくすると、新宗教の流行などというように、われわれは宗教を外形からのみとらえて来たように思う。けれどもまた、新宗教の社会的影響によって、皮相な宗教のとらえ方や盲信の恐ろしさを知るとともに、人間にとっての宗教の重さ、尊さを知ることともなった。

だが、そんなことはいわなくても、実はそれぞれの体験や人生の歴史のなかで、それぞれが宗教への思いを深くしているのである。

「一体自分の人生にとって宗教とは何だろう？」

おそらく、ぎりぎりまで問うて行ったとき、それは永遠の謎ともいうべき課題であるかも知れない。なぜならそれは、「自分の人生とは何か」を問うこととかさなって来、「一体、自分は何物か」を問うことになってしまうからであろう。

しかし、ともあれ、私たちが必死に人生の行手に立ち向かって行くとき、ぎりぎりの私たちの人生には、単なる世間的常識や、ひととおりの社会事象に対する解釈などでは解決できない問題がたくさん出てくるのである。

おそらくそれは、青年には青年なりの、壮年には壮年なりの、老年には老年なりの課題として迫ってくることだろう。また、生活実感という面では、実務的な職業にせよ、知的な職業や、社会的職業や、それぞれの特殊性のなかで人生の根本への問いかけが迫ってくるであろう。

前に掲げた数例は、いずれもそのことを明らかにしている。

宗教というものは無知曚昧を対手にしているものだという誤解があるとすれば、かえってそのような事象だけをとりあげた人の無知曚昧さを示すものであろう。むしろ今は、国際人となっている私たち一人一人が、自分の宗教の位置づけを明確にしておかなければならない時代になっている。

けれども他方では、そのような宗教的欲求が伝統的な寺院などとどう関わり合うのかに悩まれている方も多いことであろう。

本書は、そうした方々のために、日蓮宗の信仰を持っている人へのガイド・ブックとして、家の宗教が日蓮宗である人が日蓮宗の教えや儀礼を確かめるために書かれたはずである。そのような意味で御叱正を願うとともに、明日に向かって歩む人生の指針を法華経の救いに求める方々が、手をとり合って明日の日蓮宗に集結されるよう心から祈るものである。

最後に、日蓮宗が提供している伝道について若干の案内を試みておきたい。

心のダイヤル「テレフォン説教」

左記へダイヤルするといつでも三分間の説教を聞くことができる。話題は毎週変る。

関　東　地　区　〇三（三五四〇）二一〇四
関　西　地　区　〇六（五七五）二一〇四
身延山久遠寺　〇五五六六（二）二〇三〇

※各地域・各寺での「テレフォン説教」についての問い合せは
日蓮宗宗務院護法伝道部（〇三―三七五一―七一八一）へ。

〈定期刊行物〉

『日蓮宗新聞』　毎月三回発行
『正　　法』　年三回発行の教誌

参考書の案内

日蓮宗を知るための参考書として、数多い日蓮宗関係書籍のなかから、特に基本的なもの、わかりやすいもの、入手しやすいものなどの点を考慮に入れて紹介してみたい。

一、法華経

①坂本幸男・岩本裕訳註『法華経』三巻　昭和四十二年　岩波文庫

『妙法蓮華経』の漢訳文ならびにその書き下し文、サンスクリット語原典からの口語訳を収録。見開き右頁上段に漢訳、下段にその書き下し文、左頁にサンスクリット語原典からの口語訳を配置し、漢訳文、漢訳の書き下し文、サンスクリット語口語訳の三が容易に照合できる。

②法華経普及会編『真訓両読妙法蓮華経並開結』　大正十三年　平楽寺書店

法華経の開経である『無量義経』一巻・『妙法蓮華経』八巻・法華経の結経である『観普賢経』

一巻の合計十巻（法華三部経）を収録。各頁の上段に漢訳・下段にその書き下し文を載せる。
③渡辺宝陽編『お経―日蓮宗―』　昭和五十八年　講談社
日蓮宗の檀信徒が日常の勤行で拝読する法華経の肝要な諸品を収録、解説する。頁の上段に漢訳、下段にその書き下し文と口語訳を載せる。そのほかに、日蓮宗の教え、日蓮宗の歴史、および仏事についての基本的な事項を解説する。
④茂田井教亨『法華経入門』　昭和五十一年　大蔵出版
本門寿量品を中心に、法華経の教えを解説する。文化講座の講演を編集したもので、法華経の内容をやさしく読者に語りかける。

二、日蓮聖人遺文

①立正大学日蓮教学研究所編『昭和定本日蓮聖人遺文』四巻　昭和二十七～三十四年　身延山久遠寺（平成三年改訂増補第二版）
現在知られている日蓮聖人遺文のほぼ全体を編年体で収録する。『日蓮聖人御遺文』を底本に、真筆・写本などによって文章を校合してあり、最も信頼性のある日蓮聖人遺文集として学術的評価が高い。日蓮聖人理解の基本文献。

②兜木正亨校注『日蓮文集』　昭和四十年　岩波文庫
日蓮聖人遺文のなかから、三大部（『立正安国論』『開目抄』『観心本尊抄』）と消息文四十五通を集録。漢文の文章はすべて書き下し文とし、脚注に主要語句を解説する。

三、日蓮聖人伝

①久保田正文『日蓮―その生涯と思想―』　昭和四十二年　講談社
日蓮聖人の生涯を平易に解説する。巻末に「現代に生きる日蓮」と題し、文学者宮沢賢治・法華会創立者山田三良の信仰の世界を論じ、現代と日蓮の教えについて解説する。
②高木豊『日蓮―その行動と思想―』　昭和四十五年　評論社
日本仏教史の広い視野から、日蓮聖人の生涯を論究する。確実な資料にもとづいて足跡をたどり、日蓮聖人の実像を浮き彫りにする。

四、日蓮聖人の教え

①茂田井教亨『日蓮宗入門』　昭和四十二年　教育新潮社
日蓮聖人の教えをあらゆる視点から論じ、日蓮聖人の宗教の本質を明らかにする。文学的視座

から日蓮聖人の教えを語った随筆・詩文などもあわせて収録する。

②茂田井教亨『日蓮の法華経観』　昭和五十五年　佼成出版社

「日蓮研究会」の講演を編集したもので、成仏・原罪・本尊・一念三千・妙法五字・三大祕法など日蓮聖人の教義を組織的に解説する。

五、日蓮聖人の門弟

①宮崎英修『日蓮とその弟子』　昭和四十六年　毎日新聞社

日蓮聖人の生涯とその門弟の動向を写真と解説文でつづる。日蓮宗関係の貴重な資料が多く掲載されており、巻末には近世初頭までの日蓮宗略年表を付す。

②宮崎英修『日蓮聖人のお弟子たち―六老僧略伝―』　昭和五十八年　日蓮宗新聞社

日蓮聖人の高弟六老僧（日昭・日朗・日興・日向・日頂・日持）の略伝。各師の出自・修学から、日蓮聖人の弟子としての活躍などを史実にもとづいて紹介する。

六、日蓮宗の歴史

①中尾堯『日蓮宗の歴史』　昭和五十五年　教育社

日蓮聖人および日蓮聖人滅後の教団の歴史を平易に解説する。日蓮宗の歴史については、東国日蓮宗の展開・日蓮宗の京都進出・日親を中心とした日蓮教団の動向・庶民仏教としての日蓮宗などを主要テーマとして、日蓮教団七百年にわたる歩みの要点を紹介する。

七、日蓮宗寺院

①中野裕道編『日蓮宗の本山めぐり』　昭和四十六年　本山会事務局

祖山・霊跡寺院・由緒寺院を中心に日蓮宗の主な寺院を収録する。由緒・寺宝・年中行事などが紹介されており、霊跡参拝のガイドブックとしても最適。

八、日蓮宗の儀礼

①石川日章・高橋玄浄編『宗定日蓮宗法要式』　昭和二十六年　日蓮宗宗務院

差定《さじょう》・式文《しきもん》・行軌《ぎょうき》作法・要文集《ようもんしゅう》・書式などを集大成したもので、日蓮宗の法要式を知る基本文献。

②宮崎英修『新編日蓮宗信行要典』　昭和四十二年　平楽寺書店

日常の勤行で拝読する法華経要品をはじめ、要文・法要式・回向文《えこうもん》・作法などを収録、解説する。

九、日蓮宗の全体的な概説書

①立正大学日蓮教学研究所編『日蓮宗読本』　昭和三十六年　平楽寺書店

釈尊の生涯からインド・中国・日本にかけての三国仏教の流れ、および、日蓮聖人の生涯とその教え、日蓮教団の展開など、日蓮宗を中心に広い範囲にわたって解説する。日蓮宗を学術的に理解する上での基本文献。

②坂本日深監修『講座日蓮』五巻　昭和四十七年　春秋社

日蓮聖人および日蓮宗について総合的に解説したもので、第一巻「日蓮と法華経」、第二巻「日蓮の生涯と思想」、第三巻「日蓮信仰の歴史」、第四巻「日本近代と日蓮主義」、第五巻「日蓮語録」よりなる。

③渡辺宝陽編『私たちの日蓮宗』　昭和五十五年　創作出版社

日蓮宗・日蓮聖人・日蓮聖人の教え・日蓮宗の歴史・日蓮宗のしくみ・行事と儀礼など、広い範囲にわたって日蓮宗を平易に紹介する。日蓮宗理解の入門書。

十、辞典

①日蓮宗編『日蓮宗事典』　昭和五十六年　日蓮宗宗務院

日蓮宗の総合事典。教学・歴史・組織・機構・布教・社教・修法・法式・文学・書画・建築など、あらゆる分野における日蓮宗関係語彙を集録。日蓮聖人第七百遠忌記念出版。日蓮宗理解の必須文献。

②宮崎英修編『日蓮辞典』　昭和五十三年　東京堂出版

日蓮聖人を中心に、日蓮教団の関連語彙を集録。冒頭に日蓮聖人の生涯を解説、巻末には年表・日蓮宗諸門流系譜図・日蓮聖人の足跡図を付す。日蓮聖人および日蓮教団理解の基本文献。

◎主要参考文献

本書執筆にあたり参考とした主要な文献を挙げると次の通りである（参考書の紹介で挙げた文献を除く）。

望月歓厚他『日蓮聖人御遺文講義』十九巻、龍吟社。清水龍山他『日蓮聖人遺文全集講義』二八巻三二冊、平楽寺書店。立正大学日蓮教学研究所編『日蓮教団全史』上、平楽寺書店。坂輪宣敬『悠久のいのち法華経』、佼成出版社。前嶋信次『日持上人の大陸渡航』、誠文堂新光社。中尾　堯『日親』、評論社。室住一妙『行学院日朝上人』、身延教報社。田中香浦『田中智学』、真世界社。里見岸雄監修『田中智学』、錦正社。牧野内寛清『新居日薩』、明治仏教研究会。中野教篤編『近代日蓮教団の思想家』、国書刊行会。石川教張他

『日蓮宗行事集』上下、ピタカ。成川文雅編著『日蓮宗信徒手帳』、共栄書房。成川文雅編『日蓮信徒ハンドブック』、共栄書房。日蓮宗寺院大鑑編集委員会編『日蓮宗寺院大鑑』、池上本門寺。戸田浩暁『日蓮宗の戒名の理論と実際』、山喜房佛書林。望月良晃『庶民仏教と法華信仰』、世界聖典刊行協会。市川智康『日蓮聖人の歩まれた道』、水書房。宮川了篤他監修『七面山』、かまくら出版。仏教文化研究会編『仏事のしきたり』、ひかりのくに。中尾　堯編『日蓮聖人事蹟事典』、雄山閣出版。藤井正雄他『仏教葬祭大事典』、雄山閣出版。藤井正雄編『仏教儀礼辞典』、東京堂出版。岡崎譲治監修『仏具大事典』、鎌倉新書。

CDで読むお経

開経偈
妙法蓮華経方便品第二
妙法蓮華経如来寿量品第十六
おつとめ回向文

開《かい》経《きょう》偈《げ》

無《む》上《じょう》甚《じん》深《じん》微《み》妙《みょう》の法《ほう》は、百《ひゃく》千《せん》万《まん》劫《ごう》にも遭《あ》い奉《たてまつ》ること難《かた》し。我《わ》れ今《いま》見《けん》聞《もん》し受《じゅ》持《じ》することを得《え》たり。願《ねが》わくは如《にょ》来《らい》の第《だい》一《いち》義《ぎ》を解《げ》せん。至《し》極《ごく》の大《だい》乗《じょう》思《し》議《ぎ》すべからず。見《けん》聞《もん》触《そく》知《ち》皆《みな》菩《ぼ》提《だい》に近《ちか》づく。能《のう》詮《せん》は報《ほう》身《しん》、所《しょ》詮《せん》は法《ほッ》身《しん》、色《しき》相《そう》の文《もん》字《じ》は即《すなわ》ち是《こ》れ応《おう》身《じん》なり。無《む》量《りょう》の功《く》徳《どく》皆《みな》この経《きょう》に集《あつ》まれり。是《この》故《ゆえ》に自《じ》在《ざい》に、冥《みょう》に薫《くん》じ密《みっ》に益《やく》す。有《う》智《ち》無《む》智《ち》罪《つみ》を滅《めっ》し善《ぜん》を生《しょう》ず。若《も》は信《しん》、若《も》は謗《ほう》、共《とも》に仏《ぶつ》道《どう》を成《じょう》ぜん。三《さん》世《ぜ》の諸《しょ》仏《ぶつ》甚《じん》深《じん》の妙《みょう》典《でん》なり。生《しょう》生《じょう》世《せ》世《せ》、値《ち》遇《ぐ》し頂《ちょう》戴《だい》せん。

妙《みょう》法《ほう》蓮《れん》華《げー》経《きょう》方《ほう》便《べん》品《ぽん》第《だい》二《にー》

爾《にー》時《じー》世《せー》尊《そん》。従《じゅう》三《さん》昧《まい》。安《あん》詳《じょう》而《にー》起《きー》。告《ごう》舎《しゃ》利《り》弗《ほつ》。諸《しょー》
仏《ぶッ》智《ちー》慧《えー》。甚《じん》深《じん》無《むー》量《りょう》。其《ごー》智《ちー》慧《えー》門《もん》。難《なん》解《げー》難《なん》入《にゅう》。一《いッ》
切《さい》声《しょう》聞《もん》。辟《ひゃく》支《しー》仏《ぶつ》。所《しょー》不《ふー》能《のう》知《ちー》。所《しょー》以《いー》者《しゃー》何《がー》。仏《ぶつ》曽《ぞう》
親《しん》近《ごん》。百《ひゃく》千《せん》万《まん》億《のく》。無《むー》数《しゅー》諸《しょー》仏《ぶつ》。尽《じん》行《ぎょう》諸《しょー》仏《ぶつ》。無《むー》量《りょう》
道《どう》法《ほう》。勇《ゆー》猛《みょう》精《しょう》進《じん》。名《みょう》称《しょう》普《ふー》聞《もん》。成《じょう》就《じゅー》甚《じん》深《じん》。未《みー》曽《ぞう》
有《うー》法《ほう》。随《ずい》宜《ぎー》所《しょー》説《せつ》。意《いー》趣《しゅー》難《なん》解《げー》。舎《しゃ》利《り》弗《ほつ》。吾《ごー》従《じゅう》成《じょう》

仏《ぶッ》已《ち》来《らい》。種《しゅー》種《じゅー》因《いん》縁《ねん》。種《しゅー》種《じゅー》譬《ひー》諭《ゆー》。広《こう》演《えん》言《ごん》教《きょう》。無《むー》数《しゅー》方《ほう》便《べん》。引《いん》導《どう》衆《しゅー》生《じょう》。令《りょー》離《りー》諸《しょー》著《じゃく》。所《しょー》以《いー》者《しゃー》何《がー》。如《にょー》来《らい》方《ほう》便《べん》。知《ちー》見《けん》波《は》羅《ら》蜜《みつ》。皆《かい》已《いー》具《ぐー》足《そく》。舎《しゃ》利《り》弗《ほつ》。如《にょー》来《らい》知《ちー》見《けん》。広《こう》大《だい》深《じん》遠《のん》。無《むー》量《りょう》無《むー》礙《げー》。力《りき》無《むー》所《しょー》畏《いー》。禅《ぜん》定《じょう》解《げー》脱《だつ》三《さん》昧《まい》。深《じん》入《にゅう》無《むー》際《さい》。成《じょう》就《じゅー》一《いッ》切《さい》。未《みー》曽《ぞう》有《うー》法《ほう》。如《にょー》来《らい》能《のう》種《しゅー》種《じゅー》分《ふん》別《べつ》。巧《ぎょう》説《せッ》諸《しょー》法《ほう》。言《ごん》辞《じー》柔《にゅう》軟《なん》。悦《えッ》可《かー》衆《しゅー》心《しん》。舎《しゃ》利《り》弗《ほつ》。取《しゅー》要《よう》言《ごん》之《しー》。

無《むー》量《りょう》無《むー》辺《へん》。未《みー》曾《ぞう》有《うー》法《ほう》。仏《ぶッ》悉《しつ》成《じょう》就《じゅー》。止《しー》舎《しゃ》利《り》弗《ほつ》。

不《ふー》須《しゅー》復《ぶー》説《せつ》。所《しょー》以《いー》者《しゃー》何《がー》。仏《ぶッ》所《しょー》成《じょう》就《じゅー》。第《だい》一《いち》希《けー》有《うー》。

難《なん》解《げー》之《しー》法《ほう》。唯《ゆい》仏《ぶつ》与《よー》仏《ぶつ》。乃《ない》能《のう》究《くー》尽《じん》。諸《しょー》法《ほう》実《じッ》相《そう》。

（以下三回よむ）所《しょ》謂《い》諸《しょ》法《ほう》。如《にょ》是《ぜ》相《そう》。如《にょ》是《ぜ》性《しょう》。如《にょ》是《ぜ》体《たい》。

如《にょー》是《ぜー》力《りき》。如《にょー》是《ぜー》作《さ》。如《にょー》是《ぜー》因《いん》。如《にょー》是《ぜー》縁《えん》。如《にょー》是《ぜー》果《か》。

如《にょー》是《ぜー》報《ほう》。如《にょ》是《ぜ》本《ほん》末《まつ》究《く》竟《きょう》等《とう》。

妙《みょう》法《ほう》蓮《れん》華《げー》経《きょう》如《にょー》来《らい》寿《じゅー》量《りょう》品《ほん》第《だい》十《じゅう》六《ろく》

自《じー》我《がー》得《とく》仏《ぶつ》来《らい》　所《しょー》経《きょう》諸《しょー》劫《こッ》数《しゅー》　無《むー》量《りょう》百《ひゃく》千《せん》万《まん》

億《おく》載《さい》阿《あー》僧《そう》祇《ぎー》　常《じょう》説《せッ》法《ぼう》教《きょう》化《けー》　無《むー》数《しゅー》億《おく》衆《しゅー》生《じょう》

令《りょう》入《にゅう》於《おー》仏《ぶつ》道《どう》　爾《にー》来《らい》無《むー》量《りょう》劫《こう》　為《いー》度《どー》衆《しゅ》生《じょう》故《こー》

方《ほう》便《べん》現《げん》涅《ねー》槃《はん》　而《にー》実《じつ》不《ふー》滅《めつ》度《どー》　常《じょう》住《じゅう》此《しー》説《せッ》法《ぼう》

我《がー》常《じょう》住《じゅう》於《おー》此《しー》　以《いー》諸《しょー》神《じん》通《ずう》力《りき》　令《りょう》顛《てん》倒《どう》衆《しゅー》生《じょう》

雖《すい》近《ごん》而《にー》不《ふー》見《けん》　衆《しゅー》見《けん》我《がー》滅《めつ》度《どー》　広《こう》供《くー》養《よう》舎《しゃー》利《りー》

咸《げん》皆《かい》懐《えー》恋《れん》慕《ぼー》
而《にー》生《しょう》渇《かつ》仰《ごう》心《しん》
衆《しゅー》生《じょう》既《きー》信《しん》伏《ぶく》
質《しち》直《じき》意《いー》柔《にゅう》軟《なん》
一《いッ》心《しん》欲《よく》見《けん》仏《ぶつ》
不《ふー》自《じー》惜《しゃく》身《しん》命《みょう》
時《じー》我《がー》及《ぎゅう》衆《しゅー》僧《そう》
倶《くー》出《しゅつ》霊《りょう》鷲《じゅー》山《せん》
我《がー》時《じー》語《ごー》衆《しゅー》生《じょう》
常《じょう》在《ざい》此《しー》不《ふー》滅《めつ》
以《いー》方《ほう》便《べん》力《りき》故《こー》
現《げん》有《うー》滅《めつ》不《ふー》滅《めつ》
余《よー》国《こく》有《うー》衆《しゅー》生《じょう》
恭《くー》敬《ぎょう》信《しん》楽《ぎょう》者《しゃー》
我《がー》復《ぶー》於《おー》彼《ひー》中《ちゅう》
為《いー》説《せつ》無《むー》上《じょう》法《ほう》
汝《にょー》等《とう》不《ふー》聞《もん》此《しー》
但《たん》謂《にー》我《がー》滅《めつ》度《ど》
我《がー》見《けん》諸《しょー》衆《しゅー》生《じょう》
没《もつ》在《ざい》於《おー》苦《くー》海《かい》
故《こー》不《ふー》為《いー》現《げん》身《しん》

令《りょう》其《ごー》生《しょう》渇《かつ》仰《ごう》
神《じん》通《ずう》力《りき》如《にょー》是《ぜー》
及《ぎゅう》余《よー》諸《しょー》住《じゅう》処《しょー》
我《がー》此《しー》土《どー》安《あん》穏《のん》
種《しゅう》種《じゅ》宝《ほう》荘《しょう》厳《ごん》
諸《しょー》天《てん》撃《きゃく》天《てん》鼓《くー》
散《さん》仏《ぶつ》及《ぎゅう》大《だい》衆《しゅー》

因《いん》其《ごー》心《しん》恋《れん》慕《ぼー》
於《おー》阿《あー》僧《そう》祇《ぎー》劫《こう》
衆《しゅー》生《じょう》見《けん》劫《こう》尽《じん》
天《てん》人《にん》常《じょう》充《じゅう》満《まん》
宝《ほう》樹《じゅー》多《たー》花《けー》果《か》
常《じょう》作《さー》衆《しゅー》伎《ぎー》楽《がく》
我《がー》浄《じょう》土《どー》不《ふー》毀《きー》

乃《ない》出《しゅつ》為《いー》説《せッ》法《ぽう》
常《じょう》在《ざい》霊《りょう》鷲《じゅー》山《せん》
大《だい》火《かー》所《しょー》焼《しょー》時《じー》
園《おん》林《りん》諸《しょー》堂《どう》閣《かく》
衆《しゅー》生《じょう》所《しょー》遊《ゆー》楽《らく》
雨《うー》曼《まん》陀《だー》羅《らー》華《けー》
而《にー》衆《しゅー》見《けん》焼《しょー》尽《じん》

憂《うー》怖《ふー》諸《しょ》苦《くー》悩《のう》
以《いー》悪《あく》業《ごう》因《いん》縁《ねん》
諸《しょー》有《うー》修《しゅー》功《くー》徳《どく》
在《ざい》此《しー》而《にー》説《せッ》法《ぼう》
久《くー》乃《ない》見《けん》仏《ぶッ》者《しゃー》
慧《えー》光《こう》照《しょう》無《むー》量《りょう》
汝《にょ》等《とー》有《うー》智《ちー》者《しゃー》

如《にょー》是《ぜー》悉《しつ》充《じゅう》満《まん》
過《かー》阿《あー》僧《そう》祇《ぎー》劫《こー》
柔《にゅう》和《わー》質《しち》直《じき》者《しゃー》
或《わく》時《じー》為《いー》此《しー》衆《しゅー》
為《いー》説《せつ》仏《ぶつ》難《なん》値《ちー》
寿《じゅー》命《みょう》無《むー》数《しゅー》劫《こう》
勿《もつ》於《とー》此《しー》生《しょう》疑《ぎー》

是《ぜー》諸《しょー》罪《ざい》衆《しゅー》生《じょう》
不《ふー》聞《もん》三《さん》宝《ぼう》名《みょう》
則《そッ》皆《かい》見《けん》我《がー》身《しん》
説《せつ》仏《ぶつ》寿《じゅー》無《むー》量《りょう》
我《がー》智《ちー》力《りき》如《にょー》是《ぜー》
久《くー》修《しゅー》業《ごう》所《しょー》得《とく》
当《とう》断《だん》令《りょう》永《よう》尽《じん》

仏《ぶつ》語《ごー》実《じッ》不《ぶー》虚《こー》
実《じつ》在《ざい》而《にー》言《ごん》死《しー》
救《くー》諸《しょー》苦《くー》患《げん》者《しゃー》
以《いー》常《じょう》見《けん》我《がー》故《こー》
堕《だー》於《おー》悪《あく》道《どう》中《ちゅう》
随《ずい》応《おう》所《しょー》可《かー》度《どー》
以《いー》何《がー》令《りょう》衆《しゅ》生《じょう》。

如《にょー》医《いー》善《ぜん》方《ほう》便《べん》
無《むー》能《のう》説《せッ》虚《こー》妄《もう》
為《いー》凡《ぼん》夫《ぶー》顛《てん》倒《どう》
而《にー》生《しょう》憍《きょう》恣《しー》心《しん》
我《がー》常《じょう》知《ちー》衆《しゅー》生《じょう》
為《いー》説《せッ》種《しゅー》種《じゅー》法《ほう》
得《とく》入《にゅう》無《むー》上《じょう》道《どう》

為《いー》治《じー》狂《おう》子《しー》故《こー》
我《がー》亦《やく》為《いー》世《せー》父《ぶー》
実《じつ》在《ざい》而《にー》言《ごん》滅《めつ》
放《ほう》逸《いつ》著《じゃく》五《ごー》欲《よく》
行《ぎょう》道《どう》不《ふー》行《ぎょう》道《どう》
毎《まい》自《じー》作《さー》是《ぜー》念《ねん》
速《そく》成《じょう》就《じゅー》仏《ぶッ》身《しん》

南《な》無《む》妙《みよう》法《ほう》蓮《れん》華《げ》経《きよう》

（およそ十ぺんから三十ぺんほど唱える）

おつとめ回向文《えこうもん》

謹《つつ》しみ敬《うやま》って帰命《きみよう》し奉《たてまつ》る南無《なむ》久遠実成本師釈迦牟尼仏《くおんじつじようほんししやかむにぶつ》。南無一乗妙法蓮華経《なむいちじようみようほうれんげきよう》。南無末法《なむまツぼう》の大導師高祖日蓮大菩薩《だいどうしこうそにちれんだいぼさつ》。大慈大悲来臨影響知見照覧《だいじだいひらいりんようごうちけんしようらん》。ならびに宗門歴代如法勲功《しゆうもんれきだいによほうくんこう》の先師《せんし》に回向《えこう》し。天上地界護法《てんじようちかいごほう》の善神《ぜんじん》に法楽《ほうらく》し奉《たてまつ》る。

仰《あお》ぎ願《ねが》わくは。一《いッ》天《てん》四《し》海《かい》皆《かい》帰《き》妙《みょう》法《ほう》。末《まッ》法《ぼう》万《まん》年《ねん》広《こう》宣《せん》流《る》布《ふ》。天《てん》長《ちょう》地《ち》久《きゅう》国《こく》土《ど》安《あん》穏《のん》。五《ご》穀《こく》成《じょう》就《じゅ》万《ばん》民《みん》安《あん》楽《らく》。家《か》内《ない》安《あん》全《ぜん》息《そく》災《さい》延《えん》命《めい》。子《し》孫《そん》長《ちょう》久《きゅう》家《か》門《もん》繁《はん》栄《えい》。某《それがし》。及《およ》び家《か》内《ない》中《じゅう》の面《めん》面《めん》。無《む》始《し》以《い》来《らい》。六《ろッ》根《こん》懺《さん》悔《げ》罪《ざい》障《しょう》消《しょう》滅《めつ》。国《くに》に謗《ほう》法《ぼう》の音《こえ》なくんば万《ばん》民《みん》数《かず》を減《げん》ぜず。家《いえ》に讃《さん》経《ぎょう》の勤《つと》めあらば七《しち》難《なん》必《かなら》ず退《たい》散《さん》せしめん。又《また》願《ねが》わくは。当《とう》家《け》先《せん》祖《ぞ》代《だい》代《だい》一《いッ》家《け》一《いち》門《もん》の諸《しょ》精《しょう》霊《りょう》。総《そう》じては法《ほう》界《かい》海《かい》有《う》無《む》両《りょう》縁《えん》の諸《しょ》精《しょう》霊《りょう》。坐《ざ》宝《ほう》蓮《れん》華《げ》成《じょう》等《とう》正《しょう》覚《がく》。妙《みょう》法《ほう》経《きょう》力《りき》即《そく》身《しん》成《じょう》仏《ぶつ》。願《ねが》わくは、此《こ》の功《く》徳《どく》を以って普《あまね》く一《いっ》切《さい》に及《およ》ぼし、我《われ》等《ら》と衆《しゅ》生《じょう》と皆《みな》共《とも》に仏《ぶつ》道《どう》を成ぜむ。

南《な》無《む》妙《みょう》法《ほう》蓮《れん》華《げ》経《きょう》。（三べん）

あとがき

スプートニクやアトラスの名で宇宙船が地球を飛び立った日、人々は予想もつかない科学時代の幕明けに驚嘆したものでした。いよいよ宇宙の征服に向かって人類の歴史が進んでいるという感じに襲われたのです。

ところが、アポロ十五号の宇宙飛行士ジム・アーウィンは宇宙から帰ると、宇宙で、とりわけ月面上で、神の臨在を感じたといってNASAをやめて伝道者になってしまったということです。彼は現在、コロラド・スプリングにHigh Flight Foundationという宗教財団を作って、世界中を説教行脚しているのです（立花隆『宇宙からの帰還』中央公論社）。

日本でも高度成長時代が行きつくと、伝統見直しの傾向がつよくなり、伝統宗教に対する見直しが広く行われております。本書が企画されたことにはそうした背景があると思います。これまでは、宗教儀礼は老母がとりしきって次の代に教えるというように伝えられ、お寺さんのことはお寺さんにお任せするという気分があったと思います。けれども、堺屋太一氏のいう工業化社会では、皆さんがそれぞれ旺盛な知識欲を持ち、かつては集団で営んで来た宗教活動を、それぞれが自覚的に営みたいという気分がつよくなっているように思われます。

日蓮宗は、鎌倉時代に出現なさった日蓮聖人の教えを汲む宗旨で、一般にはお題目を唱える系統と受けとられていることでしょう。

日蓮聖人には六老僧とよばれるお弟子の代表があります。今日、広い意味の日蓮宗はすべてこの六老僧のうちのいずれかの系譜を受けています。

本書が日蓮宗の信仰を継承している方々や、またあらためて日蓮宗の信仰を求めている方々のお役に立つことができたならば、筆者としては望外の喜びであります。

なお、本書の執筆・刊行にあたり、大法輪閣編集部の皆様、特に小山弘利氏のなみなみならぬお世話になりました。厚く御礼申し上げます。また、立正大学大学院生の寺尾英智・関戸堯海・阿部泰存三君の助力を得たことを付記し、感謝の意を表します。

渡辺宝陽
庵谷行亨

渡辺《わたなべ》 宝陽《ほうよう》

昭和８年東京都に生まれる。立正大学仏教学部
　宗学科卒業・同大学院博士課程修了
現在＝立正大学名誉教授・文学博士
著書＝日蓮のことば（雄山閣）
　　　お経—日蓮宗（講談社）
　　　法華経　久遠の救い（ＮＨＫ出版）
　　　われら仏の子（中央公論新社）

庵谷《おおたに》 行亨《ぎょうこう》

昭和24年京都府に生まれる。立正大学仏教学部
　宗学科卒業・同大学院博士課程修了
現在＝立正大学教授　博士（文学）
著書＝日蓮聖人教学研究（山喜房佛書林）
　　　日蓮聖人教学の基礎（山喜房佛書林）
　　　日蓮聖人のこころ（日蓮宗新聞社）
　　　誰でもわかる法華経（大法輪閣）

本書は、小社発行『わが家の宗教 日蓮宗』に『カセット版 わが家の宗教 日蓮宗』をＣＤ化して併せ、新たにＣＤブックとして発刊したものです。

わが家の宗教　ＣＤブック　日　蓮　宗

平成15年４月10日　初版発行©
平成21年２月26日　第２刷

著　者　渡辺宝陽
　　　　庵谷行亨
発行者　石原大道
印　所　三協美術印刷株式会社
製　本　株式会社越後堂製本
東京都渋谷区東2-5-36 大泉ビル
発行所　有限会社大法輪閣
電　話　(03) 5466－1401
振　替　00130－8－19

ISBN978-4-8046-6014-3　C0315